低生育陷阱

日本少子化对策的失败

[日本] 山田昌弘 著　　钱爱琴 译

译林出版社

图书在版编目（CIP）数据

低生育陷阱：日本少子化对策的失败／（日）山田昌弘著；钱爱琴译．—南京：译林出版社，2023.9
（译见丛书）
ISBN 978-7-5447-9606-4

Ⅰ.①低… Ⅱ.①山… ②钱… Ⅲ.①人口－问题－研究－日本 Ⅳ.①C924.313.4

中国国家版本馆 CIP 数据核字（2023）第 039675 号

著作权合同登记号 图字：10-2022-252 号

低生育陷阱：日本少子化对策的失败 ［日本］山田昌弘／著 钱爱琴／译

责任编辑 张海波
插图作者 计淳嘉
装帧设计 薛顾璨
校 对 王 敏
责任印制 董 虎

原文出版 光文社，2020
出版发行 译林出版社
地 址 南京市湖南路 1 号 A 楼
邮 箱 yilin@yilin.com
网 址 www.yilin.com
市场热线 025-86633278
排 版 南京展望文化发展有限公司
印 刷 南京新世纪联盟印务有限公司
开 本 880 毫米 ×1240 毫米 1/32
印 张 5.375
插 页 2
版 次 2023 年 9 月第 1 版
印 次 2023 年 9 月第 1 次印刷
书 号 ISBN 978-7-5447-9606-4
定 价 48.00 元

目 录

序

——“不愿让孩子受苦”的日本人

对孩子说“不能与借助学贷款的人交往”的母亲

首先请大家来看两段我在做家庭研究时发生的小插曲。

其一，在大学课堂上，我每年都会让学生完成一个“你希望与什么样的人交往?”的问卷调查。在得到的回答中，“谈话投机的人”占最多。分性别来看，男生比较喜欢与“可爱的人”交往，而女生则比较喜欢与“温柔体贴的人”交往。

在得到的回答中，也有学生反馈妈妈叮嘱自己“不能与借助学贷款的人交往”。据说，这是“因为婚后还要忙着还助学贷款会十分辛苦”。

交往对象将来成为结婚对象的可能性比较大，这一点我很清楚。父母担心女儿将来的心情，我也能理解。这或许是受到了有段时期在社会上闹得沸沸扬扬的、因返还助学贷款而导致个人破产的事件的影响。

只是我在想，难道社会已经发展到父母对子女的恋爱问题也要给予那么细致的建议的时代了吗？

我在学生时代时，也曾经因为父母经济不宽裕而借过助学贷款。如果放到现在这个时代，估计我也会被女朋友甩了吧。

我把这件事讲给了一个来采访少子化问题的记者（在大型出版社工作的有正式编制的男性员工）听。没想到，他不仅点头认同，还对我讲起了他自己的情况："我有一个约定好将来要结婚的女朋友。可是，我们两个人现在因为都要还助学贷款而十分辛苦。因此，我们商定在有望能还完助学贷款之前暂不结婚。更何况，如果在还有贷款的情况下生了孩子，我们根本就没时间照顾孩子。"

此外，曾经有一位男性在《读卖新闻》网站的"发言小町"栏目中投稿问道，在向女朋友提起自己尚在还助学贷款的事情后，现在两人的婚约正面临危机，该怎么办？（2019年12月25日的投稿）

其二，我在对未婚者进行采访调查时，一定会问他们这样的问题："希望与年收入多少的人结婚？"

那已经是快20年前（2003年左右）的一次调查了，我采访了一位30多岁、与父母同住的未婚（也就是我所讲的"单身寄生族"）女性。她回答说，希望对方年收入在1 000万日元以上。

她解释道：“作为家庭主妇的妈妈培养了我，让我接受了正规的钢琴训练，甚至送我上了音乐大学。我希望将来也能有那么多钱来培养自己的孩子，所以如果丈夫没有那么多收入的话……”

她自身没有能够从事与音乐相关的工作，而是作为一名非正式员工做着一些事务性工作，年收入约为200万日元。

我们是不是忽视了现代年轻人以及现代日本人的普遍意识

我通常称自己为家庭社会学研究者。自考入研究生院之后，30余年来我一直致力于研究日本的结婚难及少子化问题。

迄今为止，关于家庭和结婚的问题，我不仅做了理论分析和学说研究，还进行了大量的实际调查。不仅做了统计数据和问卷调查之类的定量分析，还对个体进行了采访调查，倾听了很多由未婚者发出的真实声音。

于是，**那些仅靠数据是看不出的少子化问题的日式特征就浮现了出来**。

在开头部分所讲述的案例中，认为“婚后还在继续偿还助学贷款，这样的生活会令人不安”的想法，是一种**对未来生活缺乏安全感的意识**。

“希望将来能够给孩子一个比自己更为优越的成长环境”，像这种**对尚未出生的孩子心怀呵护的情感意识**，在以往的少子化分析框架中从未被考虑进去。

但是，这些想法，实际上正成为越来越多的人在决定是否结婚或生子时的决定性因素。

也许，这些想法对于30多年前的年轻人，也就是现在已经步入中老年的人来说，是难以理解的。

可能有人会愤愤地认为现今的年轻人奢求太多了，说“每个月几万日元的助学金还贷？这应该不成问题呀”，“结婚后总会有办法克服的吧”，或者说“钢琴什么的，不学也没有关系，又不会影响孩子长大”，“那种高收入的人，就算你再怎么等也不会出现”。

可是，**对生活在现代社会的年轻人来说，这些都是结婚、生子过程中的非常切实的问题**。哪怕是每个月几万日元的助学金还贷，也有可能会使家庭在养育子女方面显得捉襟见肘。如前所述，新闻也曾报道过因助学贷款而导致个人破产的事件。

自己在将来直面这样的状况时，可能会后悔地说：“如果结婚对象没有助学贷款的话，也许本来可以过上快乐的生活的。”也可能会想象到，如果将来孩子对你说“我想学习钢琴”“我想上音乐大学”，你却对孩子说“家里没钱，不能送你去学”，这会让你感到非常痛苦，因为你小时候能够花父母的钱去学，但为人父母时却满足不了孩子的愿望。

年轻人就这样一边想象着这些情形，一边选择着将来的结婚对象，甚至是交往的对象。

家有适龄期子女的父母也一样。

开头部分所讲的那位母亲，正是因为不想让女儿经历没钱的痛苦，所以才忠告女儿不要与为钱所困的人交往。

“不愿让孩子受苦”——日本少子化现象的背后，是不是存在这样的意识呢?

不仅如此，现代日本人普遍持有的想法已成为带来少子化问题的重要因素。但在研究少子化问题时，这些想法并没有被考虑进去，这也许就是导致日本少子化对策失败的原因吧。

写作本书的第一个目的，就是想指出日本少子化对策的“无的放矢”这一问题。

其次，我想强调的是，少子化问题是由代表了日本社会之特征的各种制度、意识和经济状况的变化带来的。

第一章

日本少子化对策的失败

第一节

成为世界“反面教材”的日本少子化对策

低出生率的长期化

日本自进入平成时代（始于1989年1月8日）以来，总和生育率（Total Fertility Rate）在1.6以下的状态已持续30多年（即便是1.5以下也已有25年之久）。

总和生育率原本是人口学的专有名词，但现在已成为被人们普遍使用的一个流行词。该词被用于表示“每个女性在育龄期间所生育的子女的平均数”。

若总和生育率超过2.07，则人口增长，若低于2.07，则人口减少。

在一个平均寿命稳定且没有移民的国家，若女性一生中至少生育一个女孩且后者能长大到成年的话，那么这个社会的人口基本保持稳定（我们将女性一生中生育女孩的平均数称为“总再生产率”）。这种状态下的人口被称为静止人口。

低生育陷阱

从生物学角度看，由于人类中出生的男性要稍多一些（若女性为1人，则男性约为1.05人），因此静止人口下的总和生育率是一个略超2的非整数数字。

若总和生育率低于1.6的状态持续30年，则人口减少，老龄化率上升（参照图表1、图表2）。由于移民及长寿的作用，一般认为日本的人口减少现象实际上是从2008年左右开始的（参照图表3）。

图表1　出生数、总和生育率的年度推移

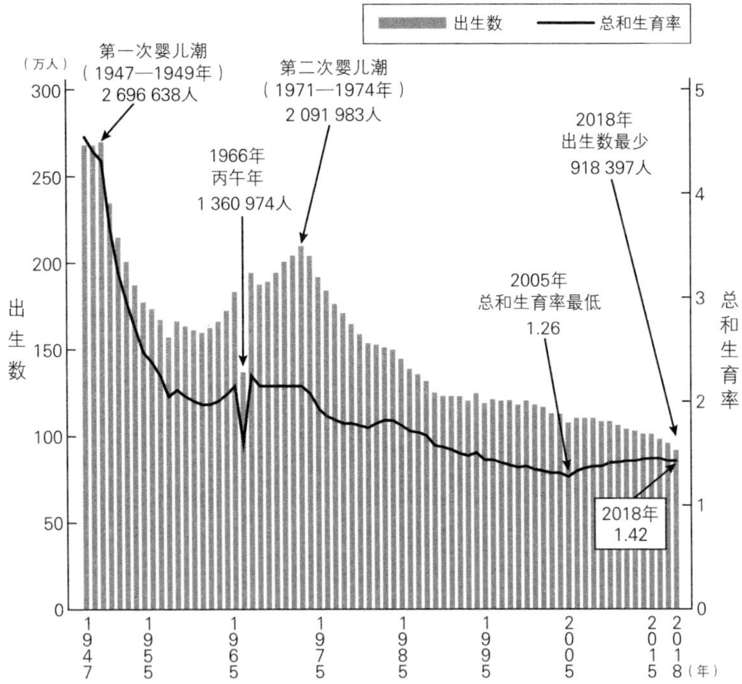

数据来源：厚生劳动省，《人口动态统计》（2018）

图表 2　出生数、总和生育率的推移（实际数值）

	总和生育率	出生数（人）		总和生育率	出生数（人）
1950年	3.65	2 337 507	1990年	1.54	1 221 585
1955年	2.37	1 730 692	1995年	1.42	1 187 064
1960年	2.00	1 606 041	2000年	1.36	1 190 547
1965年	2.14	1 823 697	2005年	1.26	1 062 530
1970年	2.13	1 934 239	2010年	1.39	1 071 375
1975年	1.91	1 901 440	2015年	1.45	1 005 721
1980年	1.75	1 576 889	2019年	（1.42）	864 000
1985年	1.76	1 431 577	（2019年为推算值。总和生育率是2018年的数据）		

（注）1973年前的数据不含冲绳。

数据来源：厚生劳动省，《人口动态统计》（2018）

图表 3　日本总人口的人口增减数及人口增减率的推移（1950—2019 年）

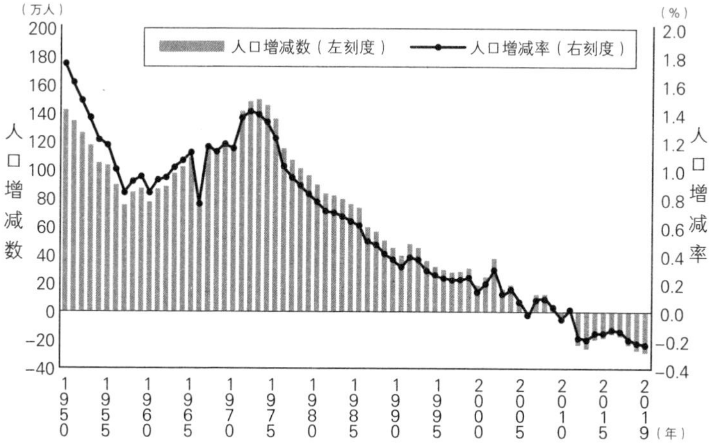

（注）人口增减率是指前一年10月至当年9月的人口增减数除以前一年的人口。

数据来源：总务省统计局主页的“人口推算”页面，参见https://www.stat.go.jp/data/jinsui/2019np/index.html（2019年10月1日）

两代人之间的年龄差（父母与子女的平均年龄差）大约是30岁。若总和生育率是在30年前（1990年）开始出现严重下降的，那么那时出生的人在2015年则已达到25岁。出生率低的那一代已经到了生育及育儿期。

至2020年4月的现在（本书执笔之时），也依然看不到恢复的迹象。2018年日本的出生人口为91.8万人，死亡人口为136.2万人，两者相减，人口约减少了44.4万人（除去移民的流入和流出）。

到2019年，据当时的推算，日本的出生人口为86.4万人，死亡人口为137.6万人，两者相减，人口减少51.2万人，可见人口减少正在加速发展（确定值将在2020年9月发布）。

若这样下去，2019年出生的孩子到30年后的育龄期时，出生人数将会下降至60万人左右（从图表2可以看出，1990年之后，出生人口是按其30年前出生人口的7成左右在推移）。

成为“反面教材”的日本少子化对策——日本是乐观之国?

作为家庭社会学学者，我时常接到一些外国研究人员、政府工作人员以及新闻工作者关于日本少子化问题的咨询，也多次受邀参加海外的一些学会或大学的研究会，以及面向大众的演讲会。可以说，讲述日本少子化现状的机会正在不断增多。

最近，来自中国、韩国等东亚各国的垂询比欧美要多些。很多关于少子化的著作也接二连三地被翻译成了中文或韩文。

欧美，尤其是西北欧的研究人员以及新闻工作者向我问道："为何日本政府没有采取少子化对策？"

的确，像法国和瑞典等西北欧国家，在1980年左右出生率大大跌破了2，降至1.6左右。但由于政府在那之后实施了少子化对策，虽然有点上下浮动，但到2015年时，出生率已经分别恢复到了1.92（法国）和1.85（瑞典）。

另一方面，像德国和西班牙等国家，虽然与日本一样，低出生率一直在持续，但由于接纳了大量移民，而使得人口没有减少（意大利自2016年开始出现人口减少）。

不过，由于有欧盟这样庞大的框架组织存在，在劳动力这一方面，人口问题并不占很大比重。因为在欧盟内部劳动力是可以自由流动的，若本国劳动力不足，则其他国家的劳动力可以流入（在欧盟，来自成员国以外的移民反倒成了一个重要问题）。

另外，像美国和英国，由于本来出生率就高，加上接纳了大量移民，所以无须担心人口减少的问题。尤其是美国，人口在大量增长。1980年，美国人口约为2亿2 762万人，不到日本人口的2倍。然而，到2019年时，美国人口几乎达到日本人口的2.6倍，约为3亿2 927万人。在日本人口几乎没有增长的约40年间，美国则增长了1亿以上的人口。

图表 4　日本与欧美各国的总和生育率的推移

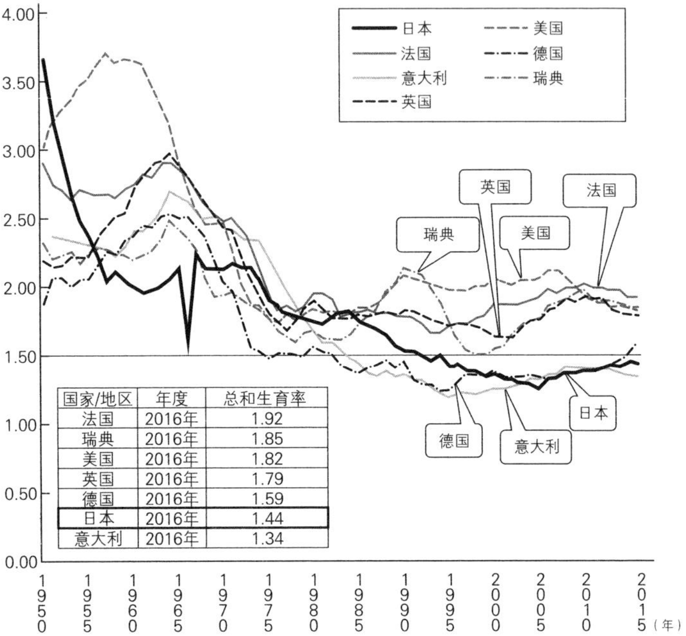

（注）日本以外各国1959年以前的数据源自美国的*Demographic Yearbook*，而1960—2015年的数据源自OECD Family database。2016年则源自各国自己的统计。此外，法国2016年的数值是平成30年（2018年）5月16日时的暂定值。日本的数据源自厚生劳动省的《人口动态统计》。

数据来源：内阁府主页，《世界各国的出生率：海外各国的总和生育率动向（欧美）》，参见https://www8.cao.go.jp/shoushi/shoushika/data/sekai-shusshou.html

图表 5　日本与欧美的人口推移

	日本	美国	英国	法国	意大利	瑞典
1980年	11 633	22 762	5 633	5 373	5 639	832
2019年	12 619	32 927	6 687	6 482	6 636	1 032
增加率	8.7%	44.6%	15.2%	20.6%	17.7%	24.0%

（注）单位：万人。

正如图表5所示，欧美国家近39年内的人口增长率都在15%以上，而日本只有近10%的低增长率，甚至近些年来已经开始出现人口减少的现象。

这不可能不影响到实体经济。

若让欧美有识之士对此发表意见的话，那他们会说：早在30多年前，日本的少子化现象就已经在发展，却没有采取有效措施来恢复出生率。不仅如此，日本似乎也没有接纳移民的意愿。劳动力不足以及老龄化可能会给社会保障的可持续性带来影响，对于这一问题，日本应该是心知肚明的吧。这是一个多么乐观的国家呀。

“如何不重蹈日本之覆辙?”——亚洲各国的关心

另一方面，中国、韩国、新加坡等国的人则会问：“如何才能避免出现日本那样的情况?”近些年来，这些国家的出生率在急剧下降，出生率比日本还低的国家也不少。在中国，自1979年以来持续实施了30多年的独生子女政策在2016年得到缓和，政府开始逐步放开二胎，甚至三胎的限制。但是，有报告显示出生率并没有得到恢复。

不过，这些亚洲国家的少子化现象变得严重的情况是最近才出现的。日本的老龄化率（65岁以上人口的比率）为28.4%（2019年厚生劳动省推算），位列世界第一，而其他亚洲国家尚处于15%以下（2015年……中国9.6%、韩国13.1%、新加坡11.7%）。若从现在开始采取对策的话，我想应该可以避免出现日本那样的人口减少问题，也就可以避免出现日本那样的老龄化率。

亚洲各国的政府相关人员以及媒体工作者，都比较关心日本少子化对策未能奏效的原因。也就是说，他们是把日本作为一种反面教材来看待。他们找我咨询，是为了探索一种可能性，以避免像日本那样面临人口减少的问题。

我认为，日本的少子化与欧美的少子化，其情形以及产生的原因是完全不同的。关于这一点，我将在第三章详细说明［这一点在“不婚化”问题上也有同样体现，可参见我之前的著作《不需要结婚的社会》（朝日新书，2019）］。

与此相对，亚洲各国的少子化问题则与日本有着很多的共同点。

例如，在未婚者中，大部分人即便长大成人后也不独立生活，而是继续与父母同住。我在1997年将此命名为“单身寄生族”，并在1999年出版了相关书籍（《单身寄生族时代》，筑摩新书）。该书出版后不久，陆续于2000年被译为中文、2003年被译为韩文。

此外，描写结婚难状况的《“婚活”时代》（Discover携书，2008，与白河桃子合著），也在翌年被译为中文。最近，我的书在韩国和中国的销量似乎要比在日本更好。

另外，与日本一样，在韩国和中国，因同居或婚外恋而出生的人口非常少（婚外子女的比率，日本为2.3%、韩国为1.9%，

图表 6　亚洲各国和地区的总和生育率的推移

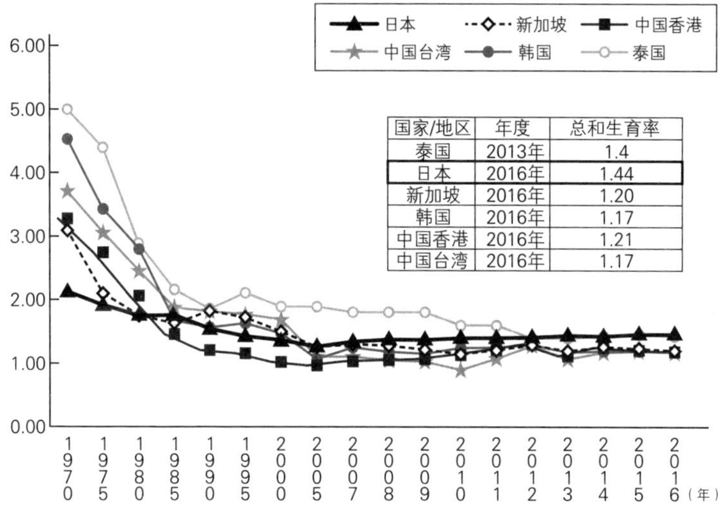

（注）日本以外各国和地区的数据源自美国的*Demographic Yearbook*和世界卫生组织的*World Health Statistics*。日本的数据源自厚生劳动省的《人口动态统计》。
数据来源：内阁府主页，《世界各国的出生率：主要国家/地区的总和生育率动向（亚洲）》，参见：https://www8.cao.go.jp/shoushi/shoushika/data/sekai-shusshou.html

2016年），但在欧美，由非婚女性生出的孩子的比率较高，比率超过50%的国家（法国、瑞典等）也比较多（这将在第四章中再次涉及）。这种差异是因为，在亚洲各国中，必须结婚后才能同居的观念非常强。

说实话，本书的精华部分是以2018年受中国社科院这一政府机构的委托而实施的调查报告为基础的。那份报告已先于本书在中国出版了（2019年）。

像这样，“从海外来看”，日本在认识到出生率下降这一现实以来的30年间（即整个平成年间），并未采取有效对策，而是放任少子化发展，使得低出生率长期持续，人口开始减少，世界第一的老龄化持续发展，甚至让人们对社会保障的可持续性产生了担忧。

那么，日本为什么没有能够采取有效的少子化对策呢?

笔者将在本书中对其原因进行考察和验证。

首先，我们来回顾并考察一下少子化的相关认识和对策的历史。

第二节

日本“少子化对策失败”的经过

“少子化”认识的起始——1990年的冲击

在日本，人们对少子化有较明确的认识始于1990年，当时出现了“1.57冲击”这样的词语（命名者不明）。

该词是由于1989年的总和生育率低于1966年的1.58（1966年是“丙午”年，因为存在丙午年出生的女性性情过于刚强而嫁不出去的迷信，人们往往选择避开在该年生子，这使得出生率跌到了第二次世界大战以来的最低水平）而得名的（1967年出现了很大的反弹，出生率达到了2.23。可以看出，有不少父母选择了推迟一年生子）。

插个题外话，下一个丙午年是2026年。

我从好几年前就开始在对学生做一个调查，内容是“如果有机会，你会在丙午年生育孩子吗”。例如，2019年时20岁的学生，到下一个丙午年，即2026年时，已是27岁，已经进入了生育期。

我一直以为现在的大学生应该不会相信迷信什么的，但是每年都有约20%的学生回答说“不会”。关于其理由，有的学生是这样回答的:“不想将来被孩子责问‘为什么要在丙午年生我’。”（其中，也有“因为我的母亲就是丙午年出生的，相当爱发脾气”这类令人发笑的回答）从这些回答中，也可以看出“为孩子着想”这一意识带来的影响。

再插个题外话，在中国台湾，一般认为寅年（虎年）出生的孩子不吉利，而辰年（龙年）出生的孩子比较吉利。事实上，就近些年的情况来看，在寅年（1998年和2010年）出生的孩子数量呈减少趋势，而辰年（2000年和2012年）则呈上升态势。在寅年2010年，该地区的总和生育率竟然只有0.895。在没有这些因素时出生率就已经很低了（2017年的台湾地区，总和生育率为1.13），到2022年的寅年时，出生率可能会进一步降低吧。

言归正传。1989年的出生率公布后，1990年就有人创造了“1.57冲击”这样的词语。对此，经济企划厅（当时）在1992年发布了《国民生活白皮书》，其副标题是“少子社会的到来，其影响和对策”，由此，“少子化”这一词语开始广为人知。

这本白皮书非常出色，它将家庭变化和经济状况结合起来进行了阐述。一如经济企划厅的风格，该书严肃地表示了对少子化带来的劳动力不足和内需不足的担忧。另外，该书对少子化原因之一的“教育费负担”问题也有所言及。**也就是说，实际上，该书正确地预测到了25年之后会发生的社会/经济问题**。我也受到了该书的影响，开始了将经济变化与家庭变化相结合的调查研究。

顺便提一下，内阁府设置的国民生活局、国民生活审议会，由于受到省厅重编的影响而于2009年解散（我是最后的内阁府国民生活审议会的委员之一）。结果，《国民生活白皮书》也停止编写了。这一不仅对少子化，还对自由打工者及NPO（非营利组织）等也给予了充分关注的、从经济视角分析社会问题的部门，就这样从政府里消失了，真是非常令人遗憾。

“1.57冲击”之后晚了10年的致命性延误

我们再来看看1990年“1.57冲击”之后的政府动向。

政府在1994年制订了“天使计划”（angel plan），当然，这并不是作为少子化对策而制订的，而是为了创造良好的育儿环境。

少子化对策的基本方针出现于1999年。

《少子化社会对策基本法》成立于2003年。

2004年，配合《少子化社会对策基本法》，内阁府发行了《少子化对策白皮书》。

自意识到少子化问题的存在，至政府着手采取对策，几乎用了10年的时间。

事后证明，这10年的延误极为致命。

这是因为，人口规模较大的“团块二世时代”（日本的“团块世代”指的是第二次世界大战后日本出现的第一次婴儿潮时期，而“团块二世时代”所代表的第二次婴儿潮时期则指的是1970—1974年）的结婚/育儿期（1990年代后半期），偶然地与经济泡沫破灭后的就业冰河期，以及1997年的金融危机重合在了一起。

1990年的总和生育率为1.54，而2000年则降至1.36。不过，其间出生人口数几乎没有减少，1990年为122万人，2000年为119万人（参照图表2）。

这是因为团块二世时代人口规模较大，虽然每位女性的平均生育数减少了，但从整体来看，出生孩子的总数并没有怎么减少。不可否认，这一结果淡化了政策负责人的危机意识。

相反，2000年至2018年的18年间，总和生育率几乎没有发生变化，在1.3至1.4左右推移。以2005年的1.26为最低点的话，反倒可以看出些许恢复倾向。

虽说如此，2018年的总和生育率为1.42，且出生人数为92万人，比2000年少了约20%。这是因为迎来生育期的这一代的人口数量减少了。

这意味着什么呢？

1990年之后，少子化作为社会问题被人们所认识，媒体开始报道，政府也采取了一些与少子化相关的对策。然而，出生率并没有得到很大的恢复，低于1.5的状态还在持续，在这25年间，稳定徘徊在1.4左右。

如果说真正意义上的对策是从2000年以后开始实施的，那么也可以说这些对策“阻止”了问题的恶化。但从基本上来讲，于少子化对策开始的1995年左右进入生育期的人与2018年处于生育期的人的生育行为几乎没有变化。

也就是说，“改变年轻人的生育行为”的政策并没有获得成功。少子化对策以事实上的失败而告终。

为什么会出现这样的结果呢？本书后续章节将对此进行讨论。

在此，再说一个题外话，不仅少子化对策是以失败告终，其他像“男女共同参与社会构建”“推进女性的社会活跃”等对策，不都是以失败告终吗？

换句话说，自1985年的《男女雇用机会均等法》颁布以来，推进女性的社会活跃一直作为一项政策在实施。然而，在世界各国中，日本的男女平等度的位次，近些年来每年都在下降（2019年的世界经济论坛男女平等度排行榜中，日本在153个国家中位列第121位。2010年时在134个国家中排在第94位。在这10年间，日本已被邻国韩国超越）。

日本的确采取了对策，实际情况也确实在一点点地得到改善。但是，无论怎么看，日本都处于一种“很难说对策奏效了”的状态。这就是日本少子化对策，以及女性活跃推进政策的现实。

第二章

日本“少子化对策失败”的原因

第一节

是谁改变了日本的出生率？

决策者倾听的是“谁的声音”？

我认为，日本的所谓少子化对策以事实上的失败而告终是因为没有能够贴近未婚者的内心进行调查、分析和政策提案。

换言之，政策的负责人（包括大众媒体在内）疏忽了未婚者的真实声音。

准确地说，这是因为他们错将一小部分人的意识或态度当成了大多数人的意识或态度。

以年轻女性为例，是不是只将一部分职业女性（大学毕业、居住在大城市、身为大企业正式员工或正规公务员）的情况作为考虑问题的前提，而忽略了去倾听那些非大学毕业、居住在地方、在中小企业工作或属于非正式雇用的女性的声音了呢？

诚然，在政治家、官僚、企业干部、大众媒体以及研究者的周围的年轻女性大多数都是大学毕业（含研究生毕业）并居住在大城市，是大企业的正式员工或正规公务员，以及成功的自由职业者或者创业者。顺便提一下，我的朋友或者熟人在工作中接触到的人大部分都是这样，而且我自己所在大学的毕业生中，有很多都成了大企业的正式员工、公务员、教员，而且她们住在大城市里。

近些年来的大学升学率约为50%（2018年，四年制大学的升学率为53.3%，若大专包括在内的话则达到了57.9%）。虽说是在增长，但很难想象将来能上升到60%或70%。

2001年18岁的人（如今37岁左右的人）的四年制大学入学率为39.9%（男性为46.9%，女性为32.7%）。换言之，2000年代处于生育期的女性约三分之二是非四年制大学毕业的，其中大部分是大专或高中毕业的。而且，正如大阪大学的吉川彻教授所分析的那样，大学毕业的人与非大学毕业的人在意识及行动方面存在很大的差异（参见吉川彻：《日本的分裂》，光文社新书，2018）。

另外，即便是四年制大学的毕业生，也不一定都是正式员工，或都居住在大城市。也有较多的案例显示，大学毕业的女性即使在毕业时成了正式员工，但几年后就会离职，把自己的工作方式改为派遣员工。我所在大学的毕业生中，男性作为正式员工的稳定率还算比较高，但是女性有很多会转行或者转变成非正式雇员，也有人成了专职主妇。例如，在石井诚（与他人合编）的《生活在地方的年轻人》（旬报社，2017）中，就记录了很多作为非正式雇员的四年制大学毕业的女孩子的声音。

换言之，动摇日本社会整体出生率这一宏观数字的并不是“大学毕业且居住在大城市的大公司正式员工或者公务员”等职业女性。这是因为“**非大学毕业的，或者居住在地方的，或者在中小企业工作的，又或者是非正式雇员**”**的女性的人数占绝对多数**。

当然，创造能够让职业女性安心生育、抚养孩子的环境是很重要的。我们需要从男女平等、女性活跃和日本经济的视角来思考能够让女性工作、育儿两不误的对策。

不过，这对改善宏观出生率的效果仍是有限的。

这一点，对于安倍内阁所推行的女性活跃推进政策来说也是如此。

完善环境，让高学历的、在大城市的大企业工作的女性能够成为高层领导，这很重要。只是，对于那些在地方中小企业打零工的非大学毕业的女性来讲，这简直是“高不可攀的事情”。改善非职业女性的工作环境，哪怕一点点也好，这才是真正需要去做的。

我深切地认为，通过地方非职业女性的活跃带动地方经济，进而提高日本经济的整体水平，这不才是真正意义上的女性活跃推进政策吗？作为内阁府“男女共同参与社会构建”会议的专门委员，我曾经苦口婆心地多次陈述过这一点。

占绝对多数的日本年轻人的状态

作为社会学者，一直以来，从问卷到采访，我施行了各种与家庭及年轻人相关的调查。

在对未婚者的调查中，我发现日本的未婚者不像欧美那样独立生活，其中大多数人都是与父母同住的（参见《单身寄生族时代》)。

在对自由打工者等非正规雇用人员的调查中，我了解到男性非正规雇用人员放弃结婚，而女性非正规雇用人员想与最起码收入稳定的男性结婚的愿望比较强烈（《希望格差社会》，筑摩书房，2004）。

此外，我注意到一些因没有与异性接触机会，而做出各种努力去寻找结婚对象的未婚者的存在，我将这种寻找结婚对象的活动命名为“结婚活动”，简称“婚活”(《“婚活”时代》)。

我想通过这些调查指出：以往我们理所当然地认为的“单身就是一个人生活”“双方存在爱情的话应该会结婚”“找交往对象很容易”等认知如今已与现实相去甚远。

大概，以往的这些错误认知也是基于“大学毕业、在大城市居住、在大企业工作”这一前提而形成的吧。

诚然，在大城市，无论男女，独立生活的人比地方要多。而且，若是大学毕业、在大企业工作的男性的话，在选择结婚对象时可能不会在意自己或对方的经济实力，而仅凭是否相爱来选择吧。同时，在人口多的大城市，与异性单身者接触的机会也比较多。

但是，在地方，独立生活的未婚者非常少。考虑到婚后生活，很少有女性会选择没有正式工作的男性作为结婚对象。同样地，因为独立生活的单身者原本绝对数量就少，与异性接触的机会自然也比较贫乏。

当然，独立生活且身处单身异性比较多的环境中的“大学毕业、在大城市居住、在大企业工作”的未婚者也是存在的，但从日本年轻人的整体情况来看，那只是绝对少数。

容我再赘述一遍，如果不以“非大学毕业、居住在地方、在中小企业工作或非正式雇用（也可以加上那些自营业继承者或家庭从业者）”的这类人的状况、态度、意识为中心考虑问题的话，那么别说什么少子化对策了，就连日本少子化的实际情况都掌握不了。

第二节

关于少子化直接原因的“误解和错误”

如前所述，由于是基于错误的认识而进行的调查、分析以及政策的制定，因此日本社会的很多有识之士和政策负责人在很长时间内都忽视了与日本少子化原因直接相关的两个重要因素。

即，**“不婚化”**和**“年轻人经济水平差距的扩大”**这两个重要因素。

其背后原因是政策负责人站在了“欧美中心主义思想”的立场上，他们在婚育相关的问题上忽视了日本社会特有的状况、意识、价值观等。

（1）未能发现“不婚化是主要原因”的错误

已婚夫妇的子女数量在减少吗?

首先，少子化的主要原因在于“不婚化”，即结婚人数的减少。

实际上，关于这一点，早有人口学家指出过。

通常，提起每个女性的平均生育数，可能很多人会认为就是指一对夫妇所拥有的孩子数。然而，事实上并非如此。

在日本，大约2005年之前，已婚女性大体上平均生育两个以上的孩子。这一点，无须复杂分析，只要将《第15次出生动向基本调查》（国立社会保障及人口问题研究所）里的数字列出来看看就很容易明白了（参照图表7）。

图表7　平均每对夫妇的孩子数

最终生育孩子数（结婚持续期间为15—19年的夫妇所生的平均孩子数）的推移

第1次调查（1940年）	4.27人	第9次调查（1987年）	2.19人
第2次调查（1952年）	3.50人	第10次调查（1992年）	2.21人
第3次调查（1957年）	3.60人	第11次调查（1997年）	2.21人
第4次调查（1962年）	2.83人	第12次调查（2002年）	2.23人
第5次调查（1967年）	2.65人	第13次调查（2005年）	2.09人
第6次调查（1972年）	2.20人	第14次调查（2010年）	1.96人
第7次调查（1977年）	2.19人	第15次调查（2015年）	1.94人
第8次调查（1982年）	2.23人		

数据来源：国立社会保障及人口问题研究所，《第15次出生动向基本调查》（2015）

换言之，如果所有年轻人都结婚，并套用这一前提（结婚后平均生育两个孩子）的话，那么日本的总和生育率应该会超过2。

但是在日本，未婚者几乎没有孩子（具体数据将稍后提及）。因此，若未婚者数量增加，即未婚率上升的话，日本的总和生育率就会下降。这是谁都能明白的一个很简单的道理。

也就是说，无论保育园是否充足，有没有育儿假，丈夫帮不帮忙做家务及带孩子，在大约2005年之前，已婚女性都是平均生育了两个孩子的。

另一方面，即便增加保育园、制定育儿休假制度、让丈夫帮忙做家务，对于“没有结婚的女性”来说，也是没有任何意义的。

夫妇拥有的孩子数量的减少，即出生率的下降，是在2010年之后，此时，保育园已经准备好了，育儿休假制度也完善了，也鼓励丈夫参与家务了。我觉得这是颇具讽刺意味的现象，正如东京大学教授赤川学所论述的那样，生育支援政策的出台反而使人们提高了“育儿期待水准”（即生孩子前要考虑是否具备了各种条件）。这一考察结果很大程度上是比较中肯的（参见赤川学：《这就是答案！少子化问题》，筑摩新书，2017）。

过去总觉得即便婚期延迟，也“总有一天，大家都会结婚的”

不仅仅是像我这样的社会学家，前文讲到的专业的人口学家也很早就指出了“不婚化/晚婚化是少子化的原因”，但为何政府在2010年前没有针对结婚问题采取对策呢？

这可能是出于几个方面的原因。

若要一直以来能近水楼台地审视政策的我来说的话，其中一个原因是政府或有识之士囿于“欧美中心主义思想”，这一点也将在下一章中提及。

人口学家也曾做出过推断，他们在1990年代的主流观点是“年轻人只是想享受单身生活而推迟结婚的，总有一天，他们会结婚的”。也就是说，他们的判断是，年轻人并非“不婚化”，而是“晚婚化”。当时经常从人口学家那里听到“结婚推迟多少年，孩子数量会相应减少多少”之类的计算。他们是以未婚者终有一天都会结婚的前提来推算的。

换言之，其背后存在这样的逻辑，即人们一直认为结婚这事，“只要想结，谁都可以很容易做到”。

在1975年之前，的确大多数年轻人几乎都能结婚。50—60岁左右的研究者或政策负责人大概认为，“我们年轻时谁都结得了婚，所以惯于男女交往的现今的年轻人一定很快就能找到结婚对象”。

也有另一个原因，那就是原本就没有想到还能对结婚问题采取什么对策。

之所以这么说，是因为在他们所尊崇的欧美先进国家中，没有哪个国家采取过这方面的对策（虽然在新加坡，早在1984年政府就采取了措施帮助女大学毕业生相亲，但这被认为是个例外，是个特殊情况）。

（2）避谈婚育方面经济因素的错误

“如果让我去说山田君所讲的，那我可就饭碗不保了”

错误认识的第二点，虽还不至于说是无视了结婚/生子的“经济方面”的因素，但至少可以说是轻视了这方面的因素。正确地说，是对这个问题避而不谈。

后面还将细述这一点，我们从这儿也可以管窥到“无论什么条件，只要相爱就应该会结婚的”以及“无论什么条件，只要喜欢孩子就应该会生的”之类的欧美中心主义思想。

的确，在欧美各国，以这些想法为前提的话，可能没有什么问题。

然而，**在日本社会，即便相爱，即便喜欢孩子，但经济条件不允许的话则无法下决心结婚或生子的人是多数。**

我在1996年出版的《结婚社会学》（丸善文库）中指出，“收入低的男性难以被选为结婚对象”（我在一些学术论文、学会、政府类研究会中，已经更早地发表过这一观点。另外，在论坛杂志《诸君》中也对此进行过展开论述）。

当时，还没有人提出过如此负面的评价意见。其详细情况，我在2007年出版的《少子社会日本》（岩波新书）中也有所记述：

1990年代后半期的大众媒体和政府在对这一事实避而不谈。

在政府类研究会中，我在指出这一点的时候，某个政府高官曾对我说，“若以我的立场去说山田君所讲的，那我可就饭碗不保了”。

当时，大型报纸中并没有报道我发言中所提及的这一内容。

受某个地方公共团体之托而写的随笔也遇到过类似情况，负责此事的科长特意跑到我就职的大学，低头道歉，请求我删除相关内容。

其理由是，即使“收入低的男性难以被选为结婚对象”的意见是事实，但这一发言有歧视之嫌，所以（即便是报告书也）不能公开发表，不仅如此，哪怕是采取以这一事实为前提的政策也不可以。

的确，关于结婚对象的信息属于很微妙的问题，事实上过去基于偏见的部落歧视和民族歧视相当严重（现在也依然存在。参见斋藤直子：《结婚歧视的社会学》，劲草书房，2017），因而现在采取了不去触及的方针。

那么，是不是就可以放任不管了呢？即使不对外公布，但至少作为少子化对策的一环，尽早对那些经济不稳定的年轻人给予政策支援的话，事态理应是另一番样子了。

而且，“收入低的男性难以被选为结婚对象”这一现实并不是基于偏见意识上的歧视。

结了婚就必须作为夫妇一起生活。但生活需要花钱。考虑到结婚后的生活，对女性来说，选择收入稳定的男性作为结婚对象显而易见是一个更好的选择。

难道我们可以指责那些不愿与低收入的男性结婚的女性，说她们有歧视思想吗？

在需要花钱的政策上行动迟缓的政府

不仅仅是因为歧视方面的禁忌。政府一旦面对要花“钱”的事情，在制定政策时就会显得行动迟缓，不管怎么说，这一点是不可否认的。

在我担任少子化对策委员的时候，曾有委员提议说，开展一场“育儿很精彩”的宣传活动。

如果举办一场活动就能改变现实的话，那么改变少子化就用不着这么费力了。**因不喜欢孩子才不生孩子的人原本就是极少数，而对于“想生但因条件尚不具备，所以不生孩子”的多数人来说，开展这类宣传活动也毫无意义**。

例如，在国立社会保障及人口问题研究所的“出生动向基本调查”中，每次都会向已婚女性提及“理想中的孩子数”和“计划中的孩子数”这两个问题。

并对两者之间存在差距的人（例如理想中的孩子数是三人，但计划只生两个等）进行问卷调查，询问了他们“不能拥有所期望数量的孩子的原因”（参照图表8）。

图表 8　不能拥有所期望数量的孩子的原因

2015 年针对已婚女性的调查（多选；单位：%）

	总和（18—49 岁）	30—34 岁
因为孩子的养育及教育太花钱了	56.3	81.1
因为会妨碍自己的工作	15.2	24.2
因为房子小	11.3	18.2
因为不愿高龄生子	39.8	18.2
因为虽然想生但不能生	23.5	10.6
因为健康问题	16.4	15.2
因为无法承受更多的育儿心理和身体负担	17.6	22.7
因为丈夫不能帮忙做家务、带孩子	10.0	12.1
因为希望最小的孩子在丈夫退休前长大成人	7.3	7.6
因为丈夫不希望	8.1	9.1
因为条件不允许孩子无忧无虑地成长	6.0	9.1
因为想珍惜自己的生活或夫妻间的生活	5.9	12.1

数据来源：国立社会保障及人口问题研究所，《第 15 次出生动向基本调查》（2015）

得到的答复中排在第一位的原因，每次都是“因为孩子的养育及教育太花钱了”。而且，特别是30—34岁之间的人占了绝对多数。而以“因为丈夫不能帮忙做家务、带孩子”为理由的人只占10%。

但是，这一事实并没有得到重视，政府只会不断强调工作与育儿的两立问题以及男性很少帮忙带孩子的问题，并且优先考虑不需要花钱的对策。

被忽视的“年轻男性”的思想意识

另外，夫妇平等分担家务，从“男女共同参与”的观点来看是必要的方向，但能否与少子化对策挂钩似乎有点微妙。之所以这么说，是因为这有可能会削弱男性“要孩子的欲望”。

“如果要我帮忙做家务、带孩子，那我就不要（多个）孩子了”，这个想法是好是坏先撇开不谈，但我们必须考虑到有这种想法的男性会增加。

孩子，原则上是男女两个人一起生的，决定生多少孩子的主导权并不只掌握在女性手中。在迄今为止的少子化对策中并没有考虑过这一问题，这也意味着“年轻男性”的思想意识受到了忽视。

就连“出生动向基本调查”也只是对已婚女性的意识做了调查，而对已婚男性的意识却很长时间都没有进行调查。在采访调查中，我见到了很多虽然妻子想生很多孩子，丈夫却说不行的例子。而且，该调查也主要反映了经济和家务负担这两个方面的原因。

有位男性回答说，“想给孩子一个单独的房间。以我的收入的话生两个孩子是做不到的”（这个例子在第四章中还会再次提及）。在案例调查中，曾出现过这样的情况。在某个双职工夫妇案例中，妻子希望生三个孩子，但丈夫却说不愿再被要求帮忙带孩子，所以生两个就够了，结果两个人吵了起来。

顺便说一下，为了减轻育儿的经济负担，政府开始实施高中义务教育以及完善儿童补助金是在2009年，学前教育费用的原则上免费是在2019年。而且，大学等高等教育的无偿化还尚未达成。

我不禁想，如果这些措施能更早地，至少在团块二世的结婚/生育期的2005年之前实施的话，少子化也不至于发展到如今这样的地步。

接下来的一章，我将主要探讨在前文中多次提及的少子化对策中的“欧美中心主义思想”及其陷阱。

第三章

“欧美中心主义思想”的陷阱

第一节

欧美中心主义思想

表面“追随”欧美的日本家庭

少子化对策没有起作用的主要原因，正如笔者在第二章中已经陈述过的那样，一方面是没有正视不婚化倾向，另一方面是没有重视经济方面的问题。

关键在于，决策者认为一直以来都是日本模范的欧美模式也可以套用在日本身上，并以此为前提来制定少子化对策。

在欧美，非婚生子的比率很高，不婚化与少子化并没有直接关系。而且，与日本甚至东亚的情况不同，在欧美，人们将构建家庭（结婚、生子）与经济状况（即金钱）联系在一起的想法并不强烈。

在本书中，我把以欧美社会为模型的想法称为“欧美中心主义思想”。其背后存在着这样的逻辑，即认为在美国、法国等欧美先进国家发生的事情，总有一天也会在日本发生。有这种想法的人认为欧美发生的问题日本也会发生，其解决方法也应该向欧美学习。

的确，自明治维新以来，日本社会为了追赶上作为现代化模范的欧美社会，采取了一系列政策。大致说来，就是在经济领域导入资本主义经济以实现工业化；在政治领域，导入宪法和普选制度、推动女性走向社会等。日本一直在为了赶上欧美而对社会进行改革。甚至在福利领域，日本也是以欧洲各国为模型，致力于建立一个福利国家。

在家庭领域，明治时代参考德国建立了家庭制度。第二次世界大战后修改了民法，并以欧美的“核心家庭”（由夫妻及其未婚子女组成的小家庭）为模型构建了社会。

1950年代左右起，“核心家庭化”开始发展，欧美式按性别角色进行分工的家庭——丈夫主要在外工作，而妻子主要在家负责家务和育儿，以过上“富裕生活”为目标的家庭——渐渐占据多数。与此同时，孩子数量的减少（即少子化）开始变得严重，总和生育率在1950年之前超过了4，而1956年时已降至2.2并稳定下来。

这在人口学中被称为“第一次人口转换”。1950年之前出生的人平均有3个兄弟姐妹，而1955年之后出生的人平均只有1个兄弟姐妹。在欧美，花了100年（英国）或50年的时间慢慢发展到二孩家庭的进程，日本只用了10年这么短的时间就完成了。

欧美“平均生两个孩子”的模式果真在日本出现了（韩国的

社会学家张庆燮把与欧美相比，急剧发展起来的东亚的现代化命名为“压缩的现代”）。

接着，自1960年代末起，在欧美先进国家出现了女性主义和女性进入社会的浪潮，在日本也发起了妇女解放运动，第二次世界大战后一直在增加的“专职主妇家庭”以1975年为界开始转向减少。至此，日本一直都是走着与欧美各国相同的道路。

在这期间的1980年代，西欧大陆各国（法国、西德、意大利、瑞典、荷兰等）的孩子数量进一步减少，开始面临少子化问题，并出现了总和生育率跌破2的情况。如在下一节里将会讲到的那样，其中有几个国家的少子化对策获得了成功，出生率得到了恢复。

看到这样的情形，自然也会认为“日本的家庭形式、女性的生存方式也一定会朝着与欧美相同的方向发展”。而且，之后也真的像西欧那样出现了少子化现象，所以当少子化对策这个课题被提上议事日程时，出现了很多认为只要采取与少子化对策取得成功的法国或瑞典相同的对策，日本也可以获得成功的有识之士和政策负责人，也就不足为奇了。

欧美和亚洲的少子化情形的不同

然而，虽说同样是资本主义社会，但国家不同，其情形也不一样。

在柏林墙倒塌（1989年）、苏联解体（1991年）的1990年代左右，一种主流的想法是“收敛理论”，即出发点和出发年，甚至变革的速度都各不相同，所走的道路也多少有些差异，但是现代社会的目标是相同的。人们相信自由主义经济与民主主义政治体制会推广到全世界。因为欧洲的社会主义国家的解体就是一种证明。

然而，现在的一种主流认识是，即便是经济制度，它也是一个国家固有的文化传统以及发展过程的反映。即便同样是发达资本主义国家，全球化和IT化也在同步推进，但经济管制程度的大小、经营惯例和劳动惯例等在每个国家都有很大的不同，很难说是朝着收敛的方向在发展。关于政治状况，如果看看俄罗斯等国的情况，我们无法看到全世界都朝着西欧式民主主义方向收敛的迹象。

而且，关乎家庭形式及女性生存方式的性别意识，与结婚、生子以及育儿相关的家庭意识，似乎比经济制度还要更加深刻地受到该国或该地区的固有文化的影响。说这些方面总有一天会变得与欧美先进国家的家庭相同，是不是有点勉强呢?

我并不是想说文明冲突理论是正确的，收敛理论是错误的。如果调查一下实际情况，我们不得不说欧美的少子化与日本及其他亚洲各国的少子化情况及其产生的原因是有很大差异的（虽说如此，即便同样是东亚国家，我也不能说日本与韩国、中国就完全相同，只是与西欧各国相比的话，共同点比较多，这是事实）。

因此，我认为少子化对策也必须要有所不同。

第二节

欧美各国少子化的特征

瑞典、法国和荷兰曾是日本少子化对策的模型

为了进行比较，我想首先对作为日本少子化对策模型的欧洲做一个极其简单的说明（请再一次参照图表4）。

同样是欧美，不同国家其家庭状况也不一样（当然，即使是同一个国家，因地区不同而有所差异的情况也比较多。在此，将简单地归纳为国别）。实际上在欧洲，面临少子化而且其少子化对策奏效的国家并不是很多。

瑞典是其中之一。

在瑞典，1983年的总和生育率是1.61，然而到1990年时，恢复到了2.13。1990年代中期曾下降过一次，但到2000年时又得到了恢复。

在法国，1993年的总和生育率是1.73，而到2006年时恢复到

了2。在荷兰，1983年的总和生育率是1.47，在欧洲国家中属于相当低的了，然而到2000年时，已恢复到1.72（2017年，瑞典是1.85，法国是1.92，荷兰是1.66）。

成为日本少子化对策模型的基本上是这三个国家。从研究人员的论文、著作到政府的白皮书和知识普及型大众图书，其中作为少子化对策成功之国而被言及、被研究的国家中，瑞典和法国占绝对多数，而荷兰次之。

我们再来看看其他先进国家的情况。像美国、英国、爱尔兰，以及澳大利亚和新西兰（主要以英语为公用语的国家，所以也被称为盎格鲁-撒克逊诸国），这些国家的总和生育率几乎没有下降，现在也在2左右浮动。而且，这些国家有较多的移民流入，人口通常呈增长态势，所以不能成为少子化对策的参考。

相反，像德国、意大利、西班牙等中欧和南欧国家，以及英系居民很多的加拿大等，这些国家几乎没有采取少子化对策，总和生育率与日本一样在低水平徘徊，因此也不能作为参考对象。不过，很多国家由于接受了较多的移民，因此人口本身是在增长的（尤其是加拿大和德国）。

像丹麦和挪威，呈现出与瑞典相似的倾向（1980年代出生率下降，而1990年代得到恢复），秘鲁则呈现出与荷兰类似的倾向（1980年代出生率下降，而2000年代得到恢复）。这些国家，虽然可以说他们的少子化对策获得了成功，但由于人口规模较小，因此在日本几乎无人将其作为研究对象。

虽然都是欧美先进国家，但笼统说来，存在三个模式，即，原本就没有出现少子化的各个国家（英国、美国、澳大利亚等）、出现少子化并通过相应政策使出生率得到恢复的各个国家（法国、瑞典、荷兰等）、出现少子化但通过移民摆脱困境的各个国家（德国、意大利、西班牙、加拿大等）。

如东京大学的赤川学教授反复指出的那样，我们必须留意，不能将欧美作为一个模式来一概而论（《孩子数量减少，有什么问题吗！》，筑摩新书，2004）

日本陷入的陷阱A——以欧美固有的价值意识为前提

总之，日本在制定少子化对策时，是以欧美国家中遭遇少子化问题后出生率获得恢复的国家为模型的，这一点确凿无疑。也许一直以来存在着这样的解释，即“那些没有从少子化中恢复过来的欧美各国（德国、意大利等），是由于与日本一样没有采取相关对策，才导致出生率怎么也提高不上去”。

那么，日本以欧美各国为模型，最终陷入了什么样的陷阱呢？

其一，把欧美固有的习惯和价值意识当作可以直接套用在日本身上的东西，并以此作为模型的前提。

我们来列举一下这些要素。与家庭相关的欧美社会的习惯和意识，其以下四个特征是我们在考察少子化时的重要因素。

1. 孩子长大成人后有离开父母独立生活的习惯（年轻人离开父母的独立志向）

2. 工作是女性实现自我的意识（工作=自我实现意识）

3. 重视恋爱情感（浪漫爱情）的意识（恋爱至上主义）

4. 孩子一旦成人，育儿任务就结束的意识

欧美的很多国家，因为具备这四个特征，所以没有出现少子化（英国、美国等），或者少子化对策起到了作用（法国、瑞典、荷兰等）。

但是，现实中的日本社会并不具备这四个特征。

尽管如此，由于政策的负责人认为日本也具备欧美固有的这四个习惯及意识特征，并以此作为制定政策的前提，从而导致日本的少子化对策没有起到实际作用。这一点将在本章的第三节中进行详细说明。

日本陷入的陷阱B——忽视了日本固有的价值意识

另一个陷阱是，没有考虑到在日本的社会和家庭中，人们所持有的思想意识和习惯。日本的这种意识和习惯特征可以整理为以下三点。

1.“规避风险”的倾向

2.“重视体面”

3. 对孩子的强烈爱护——不愿让孩子受苦的强烈情感

首先，对很多日本人来说，规避生活风险、保持体面、更好地养育孩子这三个倾向的优先度很高。

结婚和育儿都伴随着“生活风险”。而人们会规避生活中的这些风险较高的选择。换言之，如果觉得无法规避这种生活风险的话，那就会出现不结婚或不生孩子的倾向。

其次，与什么样的人结婚、如何养育孩子，往往会引起周围人（亲戚、朋友、近邻）的关心，而这直接关系到“体面”。也就是说，人们往往会规避不符合体面的结婚或育儿行为，以免被亲戚或朋友认为不正常或被他们瞧不起。这也就形成了人们对结婚对象的职业和年龄的偏见，从而阻碍了结婚。

另外，在日本，与夫妇或伴侣间的情感关系相比，人们似乎更倾向于优先考虑与孩子的亲情关系。为了更好地养育心爱的孩子，必须要准备好相应的条件。因为他们认为，如果不准备好养育条件就意味着会让孩子受苦。而且，人们认为如果自己不能准备好相应的条件，不仅不能生孩子，就连无法给予孩子充分经济条件的婚姻也要规避。

相反，在欧美社会，承担风险是为人们所赞赏的事情。而且，价值观的多样性会得到尊重，即便做了与他人不一样的事情也不会受到指责。换言之，在欧美无须在意自己的体面，尝试各种生活方式是很正常的事情。而且，人们往往会优先考虑与伴侣之间的情感关系，并不会对孩子寄予过多的期望。

在考虑组建家庭（相爱的人组成一对并生育子女）时，日本社会与欧美社会的思想意识差距很大。

以上所述的以往的分析及对策中的问题点，我想不仅仅是日本，也是中国、韩国和新加坡等亚洲国家在考虑少子化问题时不可或缺的视点。

下面，我将首先在接下来的第三节里考察陷阱A，即“欧美中心主义思想如何不符合日本社会”的问题。关于陷阱B，即“少子化对策中未考虑到的日本的固有特征”，则将在第四章中另行考察。

第三节

适用欧美模式的陷阱——欧美有而日本没有的

虽说同样是实现了现代化且如今都在经历全球化的国家，但在关于家庭的意识和价值观方面，日本与欧美各国有着很大的不同。

关于在欧美各国经常能看到，而在日本不怎么能看到的有关家庭的意识和价值观，我归纳出了以下四点。

（1）“子女成人后自立”的习惯——日本单身寄生族众多

自立思想薄弱的日本

很多欧美国家有而日本所没有的家庭意识和价值观中，排在第一位的是“年轻人的自立思想”。

其实，福泽谕吉在明治时代时就已经指出过，西方有而“东方所缺的有两点，于有形方面则为数理学（即统计学），而于无形方面则为独立之思想”（《福翁自传》）。因此，福泽经常叱咤激励日本人要有自立之思想。

然而，经济方面我们姑且抛开不谈，在家庭方面，福泽的建议似乎没有起到什么效果。

约20年前，我发明了“单身寄生族”这一概念（参见1997年2月8日的《日本经济新闻》晚报）。我想强调的一点是，在欧美先进国家（南欧除外），无论男女，大学毕业后离开父母生活自立的现象比较普遍，而在日本（以及东亚各国和南欧），结婚之前与父母同住并依赖父母好像是理所当然的（参见《单身寄生族时代》）。

而且，在日本，孩子的自立意识比较薄弱，尤其是认为女性（女儿）不需要自立的想法，无论是父母还是孩子本人都比较强烈。不仅不需要自立，还有很多人认为结婚前的未婚女子从父母身边离开而独自生活是不好的（所谓“不好”，一方面是指可能有人身危险，另一方面则是一种象征意义，指未婚女性独自生活是“不检点”的，即好人家的女儿应该是藏在深闺的闺秀）。

事实上，日本18—34岁的未婚者约有75%与父母同住（参见《第15次出生动向基本调查》）。尤其是未婚女性，与父母同住的比率很高（78.2%）。这些与父母同住者，即使他们自己的收入很低，但由于父母提供了基本的生活条件，所以也能过上还不错的生活。

另外，即使一个人收入足够独立，但由于没有人要求他独立出去，所以他仍能留在父母身边，过着将家务交给母亲，而将收入的大部分作为自己的零花钱（近些年已作为储蓄）的生活。这就是我要讲的单身寄生族——依靠父母提供的基本生活条件享受生活的单身者——的本来意义。

这种不需要从父母身边独立的意识造成的“单身寄生现象”，是日本少子化的原因之一，也是欧美式少子化对策在日本不起作用的原因之一。

在无法依赖父母的欧美国家，结婚或同居是比较“经济的”

在除南欧之外的欧美先进国家中，长大成人了就必须离开父母身边，这是一项原则。不仅是男性，女性也被要求在经济上独立。成人后如果还毫无缘由地继续与父母同住，则会被看作离不开父母，周围的人也会给予不好的评价，而且不会被当作一个合格的成年人来看待。

与日本一样，在欧美，年轻人的收入也比较低，并且与日本相比，他们的失业率也相当高。在这样的形势下，还必须要离开父母出去独立生活。于是，比起一个人生活，如果能够和其他哪个人一起居住的话，可以说在经济上是一种比较合理的手段。因为这样可以节约每个人的房租费、电费和煤气费等。在欧美，很多年轻人住着合租房，可能也是出于这个原因吧。

此外，同样是一起居住，那肯定是与自己喜欢的对象一起居住更好了。将两个人的收入合在一起的话，就能够过上比一个人时更好的生活。这样一来，同居的人就增加了。同居期间也会生孩子，出生率也随之上升了。

（即便是日本，在50年前的高度经济成长期，从地方走出来的年轻人中，很多人都过着单身一人的生活或过着住集体宿舍的生活，可以推测这大概就是当时人们结婚比较早的原因吧。）

换言之，在欧美，由于无法依赖父母，结婚或同居成为比一个人生活在经济上更加轻松的手段。当然，如果孩子出生的话，在育儿方面是要花费时间和金钱的，此时生活水准会下降。因此，如果在社会保障层面上给予这些年轻人育儿生活方面的经济援助，出生率就会得到提高。

与此相对，在日本，若年轻人离开父母的住所去开始一种新的生活，或许几乎都会遇到经济上的困难。为了避免生活水准降低，放弃一个人独立生活而继续与父母同住是最合理不过的一种选择了。

于是，年轻人同居以及结婚的机会减少了，而且他们不愿意以此为前提进行男女间的交往。不同居、不结婚、没有男女间的交往，自然不可能生出孩子。“成年后与父母同住是理所当然的这种文化”给不婚化、少子化带来了影响，这一点是不可否认的。

在日本，对于未婚者来说被要求离开父母独立生活的压力比较小。这种独立意识的薄弱是造成不婚化的一个很大原因。

正如福泽谕吉所正确指出的“东方所缺的东西”那样，这一道理也适用于中国和韩国等东亚国家。

另外，再谈一点题外话。在日本，有一部名为《哆啦A梦》的特别有人气的动漫作品。该作品在中国等东亚国家特别受欢迎，然而在欧美的人气却比较低。

其原因之一就是主人公大雄的“独立意识薄弱”。

大雄一遇到什么困难，就会立即依赖哆啦A梦。在日本和东亚各国，“碰到困难的话可以找家人”的文化背景让《哆啦A梦》（哆啦A梦是大雄未来的子孙送给他的机器人）得以顺利流行。然而，在鼓励独立意识比较强的欧美国家，这反而成了大家诟病的对象。

（2）“工作是女性的自我实现”的意识
——与工作相比，日本女性优先考虑消费生活

女性对结婚/生子犹豫不决的原因与欧美不同

下面，我们来看看女性对于工作的意识和态度。在这方面，同样也是符合欧美社会的未必就符合日本社会。

欧美社会不仅要求男性，也要求女性拥有工作，在经济上独

立。而且，工作被赋予了一种心理意义，即活出自我、实现自我。

当少子化成为一个社会问题时，我们经常听到的言论是，“想继续工作的女性对结婚/生子犹豫不决”。因此，如果能够像欧美那样，让女性在育儿和工作方面两不误的话，那么以前优先考虑工作而不结婚或不生子的女性们应该就会开始考虑育儿了。政府为此配备了保育园，完善了育儿休假制度，甚至也鼓励了男性参与育儿。

然而，在日本，有两个方面是不符合这一前提的。

一是，社会没有要求女性通过工作实现经济上的独立。二是，“工作=实现自我”的意识比较薄弱，确切地说，认为通过工作能够实现自我的女性比较少。

换言之，与欧美不同，在日本，对于很多女性来说，不愿结婚/生子的原因并不在于能否继续工作的不安，而是在于其他方面的问题。在这样的意识和环境中，若将让女性在工作和育儿方面两立的支援措施作为少子化对策的话，必将以“扑空”告终。

下面将按序详细考察这两种与欧美的不同之处。

认为生活依靠丈夫的收入是理所当然的思想意识

受欧美女性主义的影响，男女平等的意识在日本社会也得到了有效传播。但是，正如前面一节里所讲的那样，经济方面的自立意识在女性中的渗透度还比较弱。

也就是说，女性成人后，应该为了经济独立而去工作的想法还没有得到普遍认可。

未婚时与父母同住，基本生活依赖父母，结婚后则基本依靠丈夫的收入生活，这可不可能另当别论，但一般是不会遭到非难的。人们认为这是极其自然的、普通的事情。

虽然数据有点陈旧，下面我们来看看“婚后的维持家计是丈夫的责任吗”这一调查中瑞典和日本已婚女性的相关数据吧（参照图表9）。

在瑞典，大多数女性的回答是“No”，而在日本，回答“Yes”的人占绝对多数。对于“丈夫应该承担挣钱养家的责任”这一调查项，在日本就连全职工作的女性也有约85%的人回答“Yes”。这是因为，在日本，很多人认为婚后生活依靠丈夫的收入是理所当然的事情。也就是说，很多女性觉得没有必要特意去工作并获得经济上的独立。

此外，在我曾参与过的一个调查中，无论男女，有七成以上的年轻人回答说：“婚后的家计应由丈夫来维持。”（参照图表10）

当我将这一结果说给欧美人听的时候，他们露出了惊讶的神色。

并且，他们连珠炮似的抛出了以下疑问：依赖丈夫，对于女性来讲不是一件有风险的事情吗？如果离婚了怎么办？如果不自己赚钱的话，不是就不能自由地为自己花钱了吗？那不就要从属于丈夫了吗？

对此，我回答说：“在日本，不像欧美很多国家那样能够单方

图表 9　瑞典和日本“对维持家计的责任意识”的比较

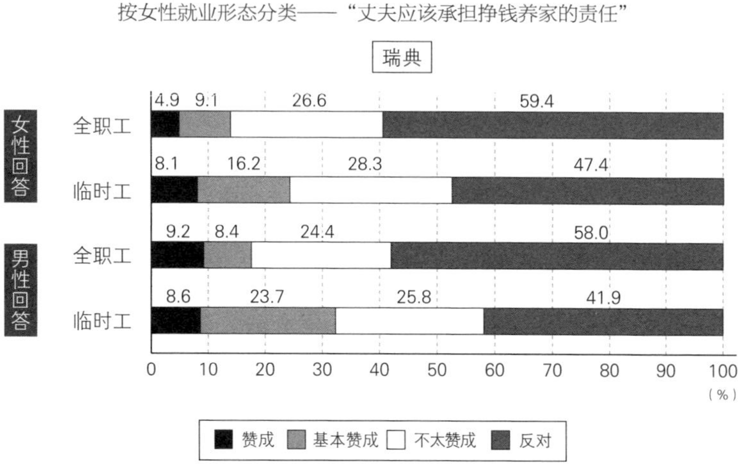

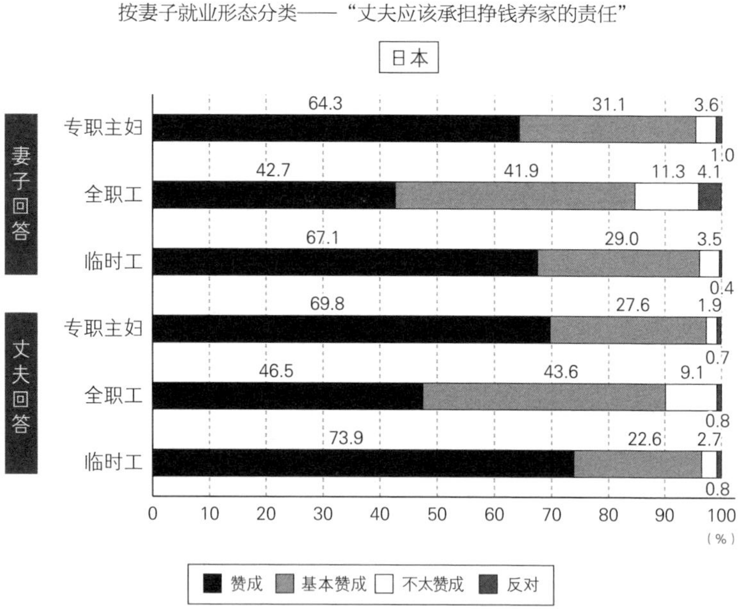

数据来源：内阁府经济社会综合研究所，《日本/瑞典家庭生活调查：研究会报告书No.11》（2004）

图表 10 弱势女性的自立意识

对20—39岁的人进行的调查，持赞成态度的比例（单位：%）

	男性	女性
1. 结婚后的家计应该由丈夫负责	70.4	72.3
2. 在孩子还小的时候，母亲应该专心于育儿	55.4	66.6
3. 若喜欢对方的话，哪怕生活很辛苦也会结婚	52.5	41.1

（注）共7 976份样本。
数据来源：明治安田生活福祉研究所，《第6次关于结婚/生育的调查》（2010）；以及Macromill网络问卷调查网站

面提出离婚。在丈夫收入高的情况下，如果丈夫提出离婚，就必须要支付女方高额的赡养费（因此，如果与高收入的丈夫结了婚的话，即便将来万一离婚也不用担心）。”

关于钱的问题，我回答说，“在日本的很多家庭中，结婚后丈夫的钱都由妻子管理。丈夫的钱，妻子是可以自由使用的（当然这也是在丈夫收入高的前提下）”（在欧美，即便妻子是专职主妇，原则上也仍由丈夫来决定给予妻子多少生活费）。

当我说日本很多丈夫为了增加自己的零花钱，都要向妻子低头请示时，欧美的男性则流露出同情的神色，说日本的男性多么可怜呀（顺便提一下，据我们的调查，由妻子管理丈夫收入的日本夫妇大概占了四分之三，而且基本看不到有代际差异）。

在日本，没必要考虑由丈夫单方面提出离婚的风险问题，即使自己不工作也不用为自己的零花钱担心（虽然这限于丈夫拥有

一定程度的收入），因为可以放心地依靠丈夫的收入。

另外，出于这两个习惯，就可以形成这样的逻辑，即如果丈夫收入高的话，即使离婚也是有利的，丈夫收入越高自己能自由使用的钱也会越多。这一现实，导致了女性在相亲活动中要求男性具备一定的经济实力。

不认为工作是重要到可以与育儿两立且值得坚持下去的事情

那么，通过工作实现自我的意识又如何呢？

每年，我在上课期间都会问学生这样一个问题：“结婚生子后是想继续工作呢？还是想辞掉工作？”（同时，希望配偶怎么做？）

我作为大学教员开始工作是在距今约30年前的1986年的事情了。当时的女大学生中，回答“想继续工作”的人占绝对多数。虽然也有当时女性的四年制大学入学率比较低的缘故，但更主要的是当时处于男女雇用机会均等法刚刚颁布（1985年颁布，1986年实施），人们高呼女性应进入社会的一个时期（当然，也有当时我在东京学艺大学这样一个立志当老师的学生比较多的大学任教的原因。不过，在我作为非专职教师任教的其他大学也有同样的倾向）。

但是，随着时代的变化，学艺大学“想辞掉工作”的学生开始增加，2008年我进入中央大学之后也发现了同样的情况。近些年来，“想继续工作”和“想辞掉工作”的比例已经发展到几乎各占一半的境况了。

另一方面，男学生中回答希望妻子继续工作的人每年都在增加。最近的调查中甚至出现了“希望辞掉工作做专职主夫”的回答。

女学生的回答中，最近也出现了“看那时候的工作情况，如果有趣就继续工作，如果没意思就辞掉”的回答。

男女雇用机会均等法自颁布以来已过去了30多年。**与此同时，女性对于工作现实的态度也逐渐变得清晰起来。**

的确，在30年前，想通过工作实现自我而进入社会的女学生很多。但其结果怎样呢?

例如，我们可以看一看社会学家中野圆佳对因结婚生子而辞掉工作的职业女性的采访调查。其中强调，与其说她们是因为不能做到两立而辞掉工作，倒不如说是因为她们不认为工作是重要到可以与育儿两立且值得坚持下去的事情（或者是因为会被调到其他没有意义的岗位上去。参见中野圆佳 :《“育儿休假一代”的窘境》，光文社新书，2014）。

换言之，与其说女性在结婚生子后辞掉工作是因为保育园和育儿休假制度不完善而导致的，倒不如说继续工作本身缺乏魅力是主要原因。

这是因为日本社会的工作方式有问题。

首先，在日本社会，如果是正式员工，会被要求对公司有献身性的忠诚——长时间劳动，以及不顾家庭的工作方式。如果做不到这一点，就会偏离职业轨道。

正如中野强调的那样，具备与男性同样工作能力的女性，一旦偏离了职业轨道，就会失去继续工作的劲头。

其次，大部分男性，被要求在工作中自立，而且出于养育妻子儿女的需要，他们不得不服从公司的要求。

但是，一般认为女性拥有可以不服从这种要求的自由。

对一般岗位或非正式的雇员而言，他们并不认为“工作是人生价值”

那些做着看上去有意义的工作的职业女性也会辞掉工作。如第二章第一节所述，在比较有意义的综合性岗位和专业岗位上工作的女性劳动者并不多。女性劳动者的半数都是非正式雇员。

另外，即使是正式员工，很多人从事的都是只要能处理固定工作即可的普通工作。我想，这种几乎没有晋升的、固定且低收入的工作，大概很少有女性会觉得有意义吧。

例如，在便利店打工的未婚女性，她们大概不会因为不愿意辞掉打工的工作而不要孩子吧。即便是大学毕业生，那些被分配在普通岗位、工作内容固定、对晋升几乎不抱希望的未婚女性，大概也不会因为她们自己不愿辞掉那样的工作而选择不结婚、不生子的吧。

而且，即便是现在，性别歧视也依然根深蒂固地存在着。虽说国家机构及大企业有所改善，但是在女性劳动者占大多数的中小企业里，对女社员和非正式雇员差别对待的情况依然很多。没有女性愿意继续在存在性别歧视的职场工作。

以结婚/生子为契机，只要（现在或将来的）丈夫有足够的收入，很多女性还是想辞掉工作的。更何况，近些年来，关于长时间劳动、黑企业的存在以及职业女性的自杀事件的报道不断出现。以牺牲身心健康和家庭生活为代价而想在工作中大显身手的女性正变得越来越少。

日本女性对于工作的意识正在改变

在此，我想列举一个内阁府的调查结果。近些年内阁府的调查显示，对于"丈夫在外工作，妻子在家做家务"的性别角色分工，女性的整体意识正在改变（参照图表11）。

图表 11 对性别分工的意识

赞成"男人应该在外面工作，妻子应该守护家庭"的比例（单位：%）

2016年	女性					男女合计	
18—29岁	30—39岁	40—49岁	50—59岁	60—69岁	70岁—	女性合计	男性合计
41.1	38.1	34.0	30.2	34.7	43.8	37.0	44.7
2019年	女性					男女合计	
29.0	32.3	31.3	27.2	26.2	37.0	31.1	39.4

数据来源：内阁府，《关于男女共同参与社会的民意调查》（2016，2019）

想通过工作表现自我、实现自我，以及即使结婚生子也不愿放弃有意义的工作，这样的女性的确存在。我们也必须支持这样的女性。

但是，我们必须留意，正如我反复陈述的那样，出于上述原因而工作的女性相对来说仍是少数。

只有在完善了工作环境，消除了性别歧视，并让更多的女性从事着有意义的工作的情况下，两立支援措施才能作为少子化对策发挥作用。为此，必须消除“将工作区分为综合岗位和普通岗位，而普通岗位只限于女性的惯例”以及“正式员工与非正式员工之间待遇差别大的惯例”，这一点如果现在看不到实现的可能的话，那么普通岗位或非正式员工的女性的处境就难以得到改善。

与工作相比，更倾向于“过宽裕的消费生活、让孩子上好学校”

那么，日本女性在什么方面会感到有价值、能实现自我呢？

在欧美流行的“通过工作实现自我”的想法，在日本只对少数女性产生了影响。

对很多女性来说，比起在工作上大显身手，她们的人生目标是过上富裕的消费生活。

另外一个目标是，以富裕的消费生活为前提，将孩子培养成优秀的人（男性也有同样的目标，但他们没有辞掉工作的选项，所以只能在经济方面做贡献）。

这一点在下一章里也会讲到，这关系到日本的“体面”意识。

这是因为，在日本，比起辛苦地继续工作的女性，人们对即使不工作也能过着富裕生活、能让孩子上好学校的女性持肯定态度。

因此，对于女性来说，工作是为了过上富裕生活，以及为了给孩子提供更好的条件的一种“手段”的意味更强烈一些。已婚女性打零工的理由多是“孩子的教育费”以及“还房贷”，即补贴家用。这一点也适用于日本男性。

相反，如果有望能过上“富裕的消费生活”，就不必勉强地做到工作和家庭的两立。持这种想法的女性比较多。

现在，之所以已婚女性的就业在增加，是因为光靠丈夫的收入难以支付孩子的教育费以及住房的费用，不能过上宽裕的消费生活的女性增加了。从这个意义上来讲，两立支援政策仍是很必要的。

在日本，仅有“两立政策”还不够的理由

下面，我们来做个总结。在欧美，“女性因为要继续工作所以不结婚、不要孩子”，这种逻辑也许是合适的。因为那里的女性参加工作被认为是必要且理所当然的事情，很多女性认为工作是实现自我的手段。因为如果失去工作，那么女性在夫妻关系中就会处于弱势地位。其前提是，职场中歧视女性的现象很少，在晋升方面她们拥有不被歧视的职场环境。

因此，在欧美，保育园的配备、育儿休假制度的完善、对丈

夫参加家务的鼓励等两立支援政策发挥了有效作用。

但是，在日本，人们并不认为已婚女性外出工作是必要的，也不认为是理所当然的。想通过工作实现自我的女性也仅仅是一小部分。对于那些非正式员工和在普通岗位工作、没有晋升希望的多数未婚或已婚女性来说，因希望继续工作而不生孩子的逻辑并不适用。

当然，我并不是说保育园的配备、育儿休假制度的完善、促进男性参与育儿等措施就不需要了，我想说的是仅仅有这些还不够。

如上所述，我想强调的是，不仅要创造让女性能够在工作和育儿方面两立的环境，而且更“首要”的是完善让女性能够对工作感到有意义的环境。

亚洲各国少子化现象与女性状况

综观亚洲各国，韩国的女性管理者比率比大学入学率低，专职主妇的比率也较高，可以判断韩国的情况与日本比较相似。

相反，在中国和新加坡等国家，因为女性管理者的比率较高，而专职主妇的比率较低，所以可以想象这些国家与欧美一样，认为工作是必要的、是实现自我的手段的女性的比率会比较高。

可以说这是同样身为亚洲国家，由于国家、文化、社会制度等不同而少子化情况也不一样的例子。

在这些地区，让女性在职场大显身手的环境比较完善。2020年4月的现在，中国台湾和中国香港的最高级别的政府官员都是女性。

另外，因为可以利用廉价的“外籍家务劳动者”，所以这些地区的女性处于有利于工作和家庭两立的环境之中。

在我曾经居住过一年的香港，花5万日元左右就可以雇用到住家的外籍家务助理（即女家政服务人员）。

事实上，在香港很多双职工家庭会将做饭、洗衣、打扫卫生、育儿这些比较费时间的事情几乎全都交给家政服务人员。平均每10户人家就有1户雇有家政服务人员。

但是，在全职的双职工比率比较高、工作和家庭能够两立的这些地区，少子化现象仍比较严重，总和生育率处于世界最低水平。

这些地区的少子化原因，将在后续章节加以说明。一般认为要为孩子花费较高的教育费用占了很大一部分原因。这些地区为我们提供了实际的案例，说明两立支援政策未必能够消解少子化问题。

（3）对恋爱情感（浪漫爱情）的重视
——在日本，恋爱是一种“风险”

欧美人热烈追求伴侣

下面，我们来看看欧美和日本在结婚之前的恋爱阶段的相关态度的不同。顺便一起看一下两种社会在性关系和夫妇间情感关系方面的差异。一般来讲，如果没有性关系，孩子是不会生出来的（当然，在生殖技术发达的现在，这未必是必要条件）。

“人，会喜欢上一个人，渴望和自己喜欢的异性生活在一起，想和对方有性关系，并且想和对方结婚。和互相喜欢的人在一起后，性关系的结果（异性恋的话）将会是孩子的诞生”——人们一般很容易认为，这个过程是自然的过程，是人类的共同点。

然而，看一看现代日本的年轻人的情况，不禁会产生这样的疑问：这一过程真的是普遍性的吗？

在自由恋爱结婚普及之前的前现代社会，即“父母之命、媒妁之言的婚姻”时代，基于恋爱情感而结婚的人属于例外。

但是，即使在前现代社会，也是存在对特定的对象怀有“想在一起”“想有性关系”的意义上的恋爱情感，即“爱情”的。但基于这种情感本来应该会结婚的人，往往受到了“制度”的阻碍。

也就是说，违背本人的恋爱情感，在父母等周围人的要求下被迫与没有恋爱情感的对象结婚。

到了现代社会，制度方面的限制有所放松，父母的干涉减少，个人婚姻方面开始走向自由。也就是说，不必勉强自己与不喜欢的人结婚，而可以与自己喜欢的对象结婚了。这样一来，基于恋爱情感的结婚，即自由恋爱结婚必然会得到普及。

的确，在欧美国家正是这样发展的。人们对恋爱情感，即积极地追求人生伴侣赋予了价值。

被赋予价值，就意味着可以被作为人生的一个目标来追求，即伴侣对人生来说是必要的。

由于这种关系中也包含了对性欲的满足，所以要求男女交际（同性恋者则是同性交际）中必须存在恋爱情感。同时，因为恋爱情感和性的欲求得到了满足，又一起生活，这自然会促使他们产生生育孩子的动机。

也就是说，在欧美，我们是可以做这样一个预设的，即单身者（无论是未婚的还是离异的）会积极地寻找伴侣，而且，如果互相抱有恋爱情感，就会成为恋人，就会设法在一起同居或者结婚，甚至生育孩子。

日本人组建情侣关系的欲望在下降

但是，在现代日本，可以认为有两个方面的原因正使得自由恋爱结婚在衰退。

一是**对恋爱情感的价值定位问题**，二是**恋爱情感的“自主限制”问题**。

我们来看看年轻人恋爱的实际情况吧。1975年以后，未婚者在增多。2000年以后，有交往对象的年轻人在减少。2015年，未婚者中有在交往的恋人的比例，男性减少到了四分之一，女性减少到了三分之一（参照图表12）。

而且，在没有恋人的人当中，想拥有恋人的年轻人在减少。想结婚的未婚者虽然有85%以上，但是在没有交往对象的人当中，想拥有交往对象的人却不足50%（参照图表13）。

另外，各种调查结果显示，回答说对性关系不在意的年轻人正在增多。

图表 12　年轻人中拥有交往对象者的减少

单身者（18—34岁）的交往对象拥有率的变化（单位：%）

调查年份	1992	1997	2002	2005	2010	2015
男性						
有恋人（含有婚约者）	26.3	26.2	25.1	27.2	24.6	21.3
有正在交往的异性朋友	19.2	15.3	11.3	14.0	9.4	5.9
女性						
有恋人（含有婚约者）	35.5	35.4	37.0	36.7	34.0	30.2
有正在交往的异性朋友	19.5	15.9	12.4	12.9	11.9	7.7

数据来源：国立社会保障及人口问题研究所，《第15次出生动向基本调查》

图表 13　有交往意愿的人的减少

无交往对象的未婚者中希望有交往对象的人的比例

	2010年	2015年
男性	53.1%	45.7%
女性	51.9%	44.0%

未婚者中希望结婚的比例

	2010年	2015年
男性	86.3%	85.7%
女性	89.4%	89.3%

数据来源：国立社会保障及人口问题研究所，《第15次出生动向基本调查》

由此，可以判断日本年轻人组建情侣关系的欲望正在下降。这在欧美人看来似乎难以理解。

也许有人会说，恋爱对象本来就不应该是去寻找的，而是自然而然喜欢上的。请大家看一下图表14里的数据。通过这个数据，我们可以知道，初高中生中回答说有喜欢的人的比率近些年来也在降低。

图表 14　有喜欢的对象的初中生和高中生的减少

有喜欢的对象的初中生和高中生的比例（单位：%）

	1982	1992	2002	2012
初中生				
Yes	41	41	31	25
No	54	56	64	72
高中生				
Yes	54	51	40	31
No	43	46	55	66

数据来源：NHK放送文化研究所，《NHK初中生/高中生的生活和意识调查2012》

这意味着，不将恋爱放在优先地位，以及即便有恋爱情感也不愿去形成情侣关系（恋人、结婚）的人在增加。

恋爱很麻烦、恋爱是一种风险、恋爱的性价比低

在现在的日本，情侣间的恋爱情感并没有被赋予价值。通过

恋爱获得伴侣是人生的目的、是不可或缺的，有这种想法的人似乎要比欧美少。

是什么原因导致年轻人不重视恋爱的呢？

我认为，这是因为觉得“恋爱是件麻烦的事情”，并将其看作一种“风险”的人变多了。

有很多这样的调查。根据内阁府2014年进行的调查，没有恋人的群体中有60.8%的人回答说“想要”。也就是说，有近四成的人回答说“不想要”。而且，“不想要恋人”的理由中，最具代表性的回答是“恋爱很麻烦”（参照图表15）。

图表15　不找交往对象的理由（对现在没有恋人且不想要恋人的人的调查）

“不想要恋人的理由”（20—39岁）（多选）

1. 想专注于工作或学习	32.9%
2. 想专注于自己的爱好	45.1%
3. 想珍惜与朋友一起的时间	15.4%
4. 过去恋爱失败过	4.5%
5. 恋爱很麻烦	46.2%
6. 对恋爱不感兴趣	28.0%
7. 害怕以恋人关系与他人交往	12.9%
8. 其他	10.5%

数据来源：内阁府，《关于结婚/家庭形成的意识调查（平成26年）》

“麻烦”一词要想译成英语非常困难，也许因为这是一个日本式的概念。

我将此处的“麻烦”解释为“性价比不高”。也就是说即使恋爱了，付出了辛苦却感受不到快乐。

其背后也可能反映了这样一种状况，即可以通过动漫角色或偶像来满足对浪漫感情的需求，或者在夜总会、女仆咖啡店、男招待俱乐部等场所，只要付钱就能获得亲密关系甚至是性满足（关于这一点，我正在执笔另一篇书稿）。

恋爱的“自主限制”——优先经济生活的年轻人

下面将对认为“恋爱即风险”的人在增加这一点进行一个考察。

即便令自己产生恋爱情感的对象就在身边，除了父母反对等因素外，还会通过“自主限制”来压制自己的恋爱情感，这种倾向尤其在年轻女性中可以看到。

也有女孩子跟我说：“不能因为一时喜欢就交往吧？恋爱感情总有一天会变淡的吧？”

我在《不需要结婚的社会》中指出，“结婚”有两个侧面，一个是和自己喜欢的人在一起，一个是两个人一起开始一种经济生活，如果这两个条件缺少任意一个的话，那么欧美人感情优先的倾向比较强，而日本人优先考虑经济生活的倾向比较强。我想正是这种倾向加速了日本的少子化。

一些调查数据也反映了这一现象。例如，针对“如果喜欢的话，对方没钱也没有关系”这一调查项，持这种想法的人至少在女性中是少数派。这一点在第四章中也将再次详细说明。

如前所述，在日本，一般认为女性靠丈夫的收入生活是基本常识。如果是男性的话，即使生活贫困也只是对自己负责，但是女性的话，就需要考虑到对方收入的高低将会决定自己生活水准的高低，所以她们很容易做出放弃爱情的选择。

无性婚姻的发展

甚至，结婚后也会产生问题，即无性的问题。

日本的夫妇间性生活的次数和满足感之低是公认的。而且，有调查显示，近些年来，年轻情侣间的无性夫妇在增加（参照图表16）。当然，没有性关系自然就不会生孩子（生殖技术的利用另当别论）。近些年夫妇间孩子数量的减少可能也有夫妇间的无性化带来的影响。

我曾经参与过的内阁府的调查也显示，年轻的已婚夫妇中，无性生活对他们生育二孩带来了影响（参照图表17）。无性夫妇也好，非无性夫妇也好，现在平均拥有1.4个孩子，但是计划生孩子数，前者是1.45人，后者是1.92人，与实际状况约有0.5人的差距。

也就是说，可以得出这样的推论，即相当多的情侣在生了一个孩子之后，就过上了无性生活。

图表 16　无性婚姻的发展

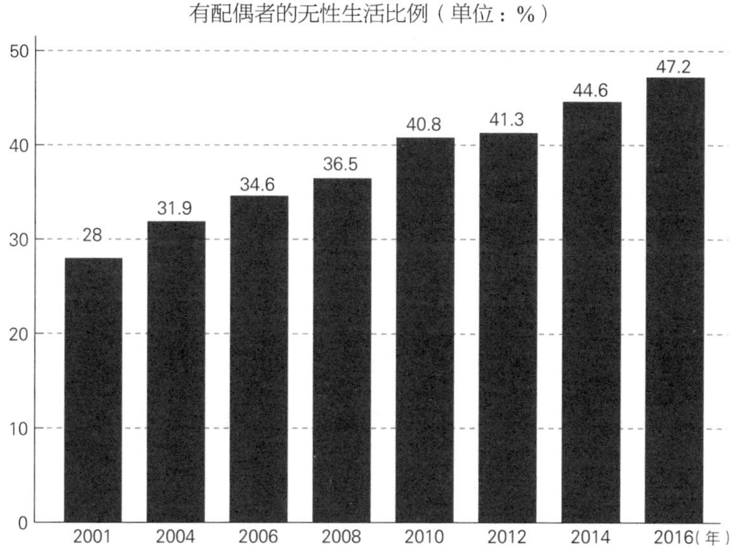

（注）无性生活比例是指“这一个月没有过性生活”的回答率。2001年的数据来自《朝日新闻》实施的网络调查（“1 000人夫妇问卷调查”）。2004—2016年的数据来自日本家庭计划协会（一般社团法人）的第2—8次《关于男女生活和意识的调查》。

图表 17　年轻已婚夫妇的无性生活与孩子数之间的关系

针对20—29岁的10 000人的调查（网络问卷调查）

	现在的孩子数	理想的孩子数	计划孩子数	N（人数）
非无性	1.432 3	2.302 6	1.921 8	5 330
准无性	1.434 2	2.180 0	1.704 1	2 278
无性	1.353 7	2.068 1	1.455 3	2 392

（注）无性，指最近两三年完全没有性关系的夫妇（占全体的24%）；准无性，指一年内有几次性关系的夫妇（占全体的23%）。

数据来源：内阁府经济社会综合研究所，《日本家庭社会学会报告资料（2013年）》

在日本也许无法自然形成情侣关系

我们来总结一下。

在欧美，存在这样的前提，即人们有强烈的欲望去追求满足自己浪漫爱情及性的欲求的恋人。因此，欧美人组建情侣关系的欲望比较高。

换言之，即便放任不管，男女也自然会寻求情侣关系（同性恋也一样）。情侣会一起居住，享受性关系。因此，如果有支援这些情侣生育孩子的政策，那么他们自然就会生孩子。

说个题外话，这种状况也出现在女同性恋者中。在欧美，女同性恋者通过人工授精等手段拥有孩子已不是稀奇的事情了。不过，还没有数据显示这对出生率会带来多大影响。

也就是说，在欧美，可以以情侣关系的自然形成为前提实施相关政策。

但是，在日本却不能以此为前提。因为“自然会有喜欢的人”“有相互喜欢的对象就会结婚”“结了婚就会有性生活”“有性生活就会生孩子”这一类设想的前提在日本并不成立。

如果是1980年之前，在职场会有很多自然的相识机会，即使没能有这样的机会也可以通过相亲结婚。

但是，自1990年左右开始，这种自然相识的机会减少了。正如国立社会保障及人口问题研究所的岩泽美帆室长所指出的那样，在职场相识而结婚的情况在减少。在日本，由于人们躲避伴随经济风险的结婚的倾向比较强烈，所以比较喜欢在事先了解对方职业的情况下自然相识。这种自然相识的减少是结婚率降低的很大原因。

进一步说，进入这一世纪后，对恋爱持消极态度的年轻人在增加。白河桃子与我提倡“婚活”概念，也是想要强调**“说什么只要等待，适合自己的结婚对象总会出现，这只是个幻想”**。

因此，在日本的少子化对策中，作为形成情侣的前提的“结婚支援”是必不可少的。若男女自然相识的机会正在减少，那么就有必要为他们创造一些相识的机会。

图表 18 单身者参与婚活的比例

有恋爱或者结婚意向但没有恋人的单身者
对婚活服务的利用率（20—49岁）

2016年	2017年	2018年	2019年
17.5%	15.6%	18.6%	23.5%

（注）单身者：没有结过婚的未婚者及有过结婚经历（配偶去世或分手）但现在是单身的人。
数据来源：Recruit Bridal总研（提供结婚信息服务的调查研究机构），《婚活实态调查2019》

有几个地方自治体注意到这个问题后迅速开始了结婚支援活动。然而，正如第二章所讲的那样，政府方面为结婚对策投入预算是2010年之后的事情了。

想拥有恋人却不付诸行动的人占大多数

只是，虽然我创造了“婚活”这一词语，并且这一词语已成为流行语而固定了下来，但是对恋爱和结婚采取积极行动的未婚者的比率并没有增加很多。

综合近些年来的各项调查，没有恋人的年轻未婚者大约只有15%—25%的人进行过“婚活”。换言之，即使往少里估算，也有四分之三的没有恋人的未婚者并没有自己主动地去寻找结婚对象。

因为约有50%的人希望拥有恋人，所以可知虽然想有恋人，但一半以上的人并不采取任何行动，只是等待。

我曾经对那些借助自治体的婚姻服务参加“婚活”从而结了婚或者有了婚约的情侣进行过采访调查，其中有几个人表明是因父母的劝说而参加的。在自治体之类的公共介绍机构中，这种倾向（即应父母要求参加婚活的倾向）比较明显。

也就是说，如果不是父母在背后推动，很多人根本就不会去那些提供与异性相识机会的场所。

而且，在提供相识机会的支援活动中，若只是将未婚男女集合在一起，也是很难形成情侣的。一些获得成功的结婚信息服务业或者公共结婚支援机构，为了使情侣结对成功而对参与者进行指导的情况变多了。

另外，也有像“爱媛结婚支援中心”那样，由志愿者为那些通过派对或者相亲而相识的情侣提供帮助，且机制比较完善的组织，在做着各种尝试。

下面来做个总结。与恋爱比较活跃的欧美不同，在恋爱并不活跃的日本，若仅仅是完善结婚或生子的社会或经济方面的条件，少子化对策的效果是得不到提升的。

从根本上来说，没有交往对象的人占多数，且很多未婚者对男女交往持消极态度。

为此，应该以某种形式积极地促进男女相识，增加他们相识的机会，如果少子化对策里没有这方面的措施，那么男女间就不会有交往、结婚、生子。也就是说，少子化问题将会得不到解决。

（4）“将子女养育成人”的意识
——一种持续的责任意识

为什么要有孩子——孩子作为“生产性财产”和“有用的存在”的时期

最后，我们来探讨一下关于拥有孩子的意义，以及这方面的“欧美中心主义思想”。

人为什么要有孩子、为什么想要孩子，即“拥有孩子的意义”

这一点在少子化分析中一直是一个模糊不清的领域。如果说现代社会是一个人们能够选择要孩子的社会，那么就有必要去分析人们是如何理解要孩子的意义的。

在前现代社会中，原本就不存在要不要孩子的选项。

如果存在性关系，那么作为结果，女性妊娠的可能性就会很高。人们认为夫妇间有持续性的性关系那是理所当然的。在前现代社会，已婚夫妇中，原则上是不避孕的，所以妊娠次数也更多。但是，由于流产率、婴幼儿死亡率、孕产妇死亡率极高，所以从结果来看，最终平均每个家庭养育成人的孩子为两个左右，是一个几乎没有人口增减的社会（人口学中，称之为多产多死社会）。

当然，实际上也存在一部分出于经济上抚养不起、非夫妻间的孩子、未婚怀孕等各种原因而堕胎或杀害婴儿的情况，然而这些情况基本上没有被公开过。

人口学家或经济学家们讨论认为，人们想多生孩子的动机是因为在前现代社会中孩子是“有用的”。

前现代社会是以农业为中心的自主营业社会。因此，孩子作为家业的劳动力是非常重要的存在。孩子自懂事起就不得不帮家里做事。

另外，孩子也是家业的继承者、长辈晚年生活的照顾者。换言之，孩子被赋予了“生产性财产”的意义。即，对父母来说是一种“经济上有用”的存在。

拥有孩子的意义的变化——“作为消费性财产的孩子”的诞生

而到了现代社会，拥有孩子的意义发生了变化。在现代社会，随着产业化的发展，出现了雇员家庭，而且占据多数。雇员家庭即所谓“工薪阶层加专职主妇”型的家庭。

孩子作为劳动力的意义不复存在，而且当核心家庭成为一种原则时，很难期待孩子在自己晚年时给予赡养和照顾。另外，有一份可让孩子继承的家业的父母也变少了。

与此同时，在很多西方先进国家，由于福利国家的形成，对老人的照顾及赡养已经实现了社会化，因此依靠孩子养老的必要性在减弱。

随着现代化的发展，在生育孩子这件事上，“因为有用”这一理由也将渐渐消失。

对于现代社会中的孩子，人口经济学家们不再将他们定位为“生产性财产”，代而替之的是，将他们定位为“消费性财产”。这是因为生育孩子会产生某种效用，即，“情绪上”的某种有利因素。

像这样，在养育孩子是“基于情绪上的理由”这一点上，欧美、日本等已实现现代化、产业化且年金等社会保障制度比较完善的国家并没有什么太大的差异。

当然，虽说已经实现了现代化，但前现代的要素，即期望生育孩子会“有用”的思想也还残存着吧。因为现在依然存在一些人期待孩子在自己年老时给予赡养和照顾。尤其是在那些社会福利制度还不发达的国家中更会如此吧。

不过，即使在这种情况下，“情绪性意义”是主要动机这一点也是不可否认的。因为纯粹地从经济角度来考虑现代社会养育孩子的成本（金钱和精力）的话就可以知道，即便是期待孩子将来养老，其实养育孩子也是不划算的，而且是一种不确定的投资。因此，对于父母来说，必须将养育孩子当作一种经济上的“消费”。

作为自我成长和乐趣的育儿、作为品牌的孩子

不过，虽说是“消费性财产”，其也有各种形态。“孩子”这种消费性财产拥有两种“效用”。

一是养育孩子这一行为本身是有意义的效用。

如同花钱休闲一样，经常有人说“和孩子一起玩，跟孩子说话是愉快的事情”，或者“看到孩子成长的样子，自己也会成长”。用马克思经济学的概念来说，这就是“**使用价值**”。

另一个效用是孩子的价值会转化为自己的价值。

例如，拥有高级车、名牌产品，甚至是出于爱好的珍稀物品等，就是“拥有获得他人肯定的很有价值的东西”，这是有意义的。现实中，有很多人因为拥有这样一些东西而获得满足感。

同样，也存在这样一种脑回路，即，“孩子是花费高昂的消费性财产”，养育高价值的孩子会让父母感到满足。这大概可以称为孩子的“市场价值”吧。

在欧美，孩子有“使用价值”；在日本，孩子有“市场价值”

当我们思考与养育孩子的情绪性意义相关的两个区别时，一般认为欧美和日本在其着重点上有着不同之处。

在欧美，人们对养育孩子的情绪性意义的定位是以“使用价值”为中心的，他们认为养育孩子这件事本身是快乐的，养育孩子能让自己得到成长。

当然，在日本也存在欧美的这种“使用价值”的意义。但是，日本的育儿更多地含有“要把孩子养育得更好”，即更重视孩子的社会评价（可以称之为市场价值）。

其结果是，**育儿的责任年龄出现了很大的差异**。

在欧美，若孩子长大成人，那么就意味着父母的责任已经完成。而且，对于父母来说，养育孩子的大部分效用到此已经结束。

父母原则上不负担大学等高等教育的费用。在欧洲大陆各国，大学的学费（对自己国家的国民）极其便宜。另外，在美国和英国等国家，如果孩子想上大学，原则上必须自己想办法筹集费用。例如，高中时通过打工存储学费，或者是获得（无须偿还的）奖学金，或者是借学生贷款等。如果这样还不够的话，也会再向父母借钱。

另外，我在讲述单身寄生族时也讲过，原则上欧美孩子成人后需要独立生活。而且，在欧洲各国，让孩子自立的社会保障制度也比较完善。尽管如此，近些年来，也有很多人指出，年轻人由于经济状况的恶化而延长了与父母同住的期限。例如，约翰斯·霍普金斯大学的社会学家凯瑟琳·纽曼教授的《在父母身边生活的战略》（岩波书店，2013）。她在该作品里得出的结论是：在除了瑞典之外的各个国家中，年轻人经济状况的恶化导致了依赖父母的人在增多。

因此，在欧美，育儿费用（直接费用加上机会费用——没有养育孩子时通过工作本应获得的收入）的付出在孩子未成年期间已经结束。即便养育多个孩子直至他们成年，其费用负担也是大致可以预算到的。所以作为少子化对策的育儿经济支援只需要在孩子自立前的未成年期间实施就足够了。

但是，并不是说在欧美亲子之间就没有感情。虽然父母和孩子分开居住，但他们之间的交流频率比日本还高。亲子之间的感情，可以说与夫妇之间的感情一样，是通过交流得到表达的。

不愿让孩子过得凄惨——扶助孩子是义务也是人生的意义

相反，在日本，对于很多父母来说，孩子的市场价值要比使用价值更重要。与跟孩子开心地玩耍、享受孩子的成长过程相比，日本人更重视把孩子“养育得更好”，即提高孩子的市场价值这一点。

作为得到别人认可的孩子的价值，其中“学历”是一个很关键的要素，而且大学毕业后还要看所从事的职业排名，如果是女孩子的话，则是看她与什么样的职业排名的男性结婚。

对很多父母来说，高等教育的费用原则上是由父母负担的，而且费用相当不菲。

甚至，为了让孩子获得高学历而必须要支付以升学或补习为目的的课外班的费用。

这不仅仅具有提高自己孩子价值的经济意义，也体现了父母对孩子的呵护之情，他们“希望孩子将来过上更好的生活”（积极面），“不想让孩子过得辛苦”（消极面）。在欧美和日本，父母对孩子的爱的表达方式是不一样的。

在日本，父母在孩子接受高等教育的期间以及成年之后也需要继续扶助孩子，同时这也成为父母的人生价值。因此，他们不得不减少生孩子的数量。

这不仅仅是对日本，也是对很多亚洲国家，例如韩国、新加坡以及中国的少子化起到推波助澜作用的最主要原因。与日本一样，在这些国家，**拥有孩子的价值，相比育儿的乐趣，养育的孩子获得什么样的社会评价更为重要**。

例如，在日本，父亲为了有更好的条件抚养孩子、在经济上支持妻子而只身赴任或到外地打工，独自一人在外生活的现象是常有的。这样一来，父亲就失去了“养育孩子的快乐”。但是，即便父亲感到寂寞也要继续在经济上支撑家庭，这是出于一种义务，更是出于一种期望，他们期望孩子能更好地成长，希望通过自己挣的钱让孩子有更好的学历并得到孩子的感谢。

在中国、韩国、菲律宾等亚洲国家也可以看到这种现象。

在中国，为了挣钱给孩子提高学历，将孩子托付给祖父母，夫妇二人一起到远方工作的情况比较多。在韩国，也有母亲和孩子搬到教育条件相对较好的地方，而在远方生活的父亲负责在经济上给他们支持的情况。在菲律宾，为了给孩子挣学费，很多母亲作为家务助理远赴中东产油国以及新加坡和中国香港等地打工挣钱。

相比与孩子交流的“育儿的乐趣”，父母优先考虑的是给孩子提供经济上的支持，让孩子接受更好的教育。也就是说与日本一样，由于很多人将育儿的价值放在“更好地培养孩子”方面，因此不得不在孩子身上花很多钱的现象正变得越来越普遍。

而且，可以判断，这一点是亚洲各国少子化发展比欧美国家严重的最大原因。

因此，欧美的少子化对策在日本无法奏效

下面，我们来进行一个总结。

欧美的少子化对策是以以下几个条件为前提展开的。

1. 成年后未婚者独立生活。

2. 想通过工作实现自我的女性很多。

3. 追求伴侣的感情比较强烈，如果有恋爱情感会想居住在一起。

4. 认为拥有孩子的价值在于享受育儿的乐趣，育儿任务到孩子成人即结束。

在部分欧美国家（瑞典、法国等），“两立支援”政策的实施使得少子化对策获得成功，出生率得到恢复。

而在另一些欧美国家（美国、英国等），没有必要采取少子化对策，其出生率一直很高。

日本也以这几个条件为前提实施了少子化对策。然而，或许正因为如此，日本的少子化对策才没有起到作用？

因为，很遗憾日本并不具备上述四个前提条件。而且，这几个条件中也有几点是亚洲各国都不具备的。

也就是说，这是因为有以下几个原因。

1. 结婚前的年轻人很多是与父母同住的，而且不会受到指责（这一点在亚洲各国以及出生率低迷不振的意大利和西班牙等南欧国家是相同的）。

2. 想通过工作实现自我的女性只是少数。与其继续工作，还不如将生活的价值置于过富裕的生活上（这一点与韩国相同。但在中国、新加坡等国家，情况是不一样的）。

3. 不重视恋爱情感。情感上比起配偶来更优先考虑孩子，夫妻之间则是比起恋爱情感来更优先考虑经济生活（虽然没有确凿的调查数据，但我想这一点大概也是亚洲各国相同的吧）。

4. 父母担负着包括支付高等教育费在内的沉重养育责任。这是因为将孩子的未来放在首位也是父母的期望。比起放任自己的恋爱情感，他们首先考虑的是孩子将来的生活，尤其是经济生活（这一点亚洲各国是相同的）。

正因为有这样一些原因，日本所推行的欧美式少子化对策才会以“扑空”告终（同样，类似的对策在亚洲各国也会以“扑空”而告终吧）。

第四章

“规避风险”和“重视体面”的日本社会

讲述日本少子化问题时抛不开的三个要点

在接下来的这一章里，我想首先指出关于结婚和养育孩子方面的两种日本特有的价值意识，这两种价值意识在欧美社会是无须考虑的，但在现代日本社会却绝对抛不开。

一是**关于未来生活设计的风险规避意识**。

现代的很多年轻人把将中流生活维持下去当作至上命题。而且，他们想要规避未来不能过上中流生活的风险。

在生活设计方面，对日本人来说，“男女交往”、“结婚”、“生子”、“育儿”以及“育儿之后的老年生活”等问题并不是孤立的，而是相互密切联系的。

现在已经是年轻人不得不考虑直至晚年的整个未来的“生活设计”的时代了。这种生活设计不仅仅使年轻人在生孩子时就要有前一章里所述的“担心孩子上大学的费用”的意识，而且也对“男女交往”产生了影响，如同本书开头部分所述，出现了“不能和有奖学金贷款的人交往”的现象。

二是**日本人有很强的“体面”意识**。

年轻人被要求必须结婚、育儿，并且在晚年过上“世人看来比较体面的生活”。这给日本的少子化带来了很大的影响。

所谓“体面”，是指家人、亲戚、朋友等自己周围的他者对自己所下的评价。

换言之，并不是只要自己觉得好就可以结婚、生子、育儿的，**他们不得不时刻注意自己的结婚、生子、育儿行为会被世人如何评价**。

这种意识在年轻人中不仅没有减弱，反而随着社交媒体，即所谓SNS的发达而显得更加强烈了。

尽管这两种价值意识在考察日本的少子化问题时是不可或缺的视角，但一直以来都被人们忽视了。

此外，由于这两种价值意识的存在而导致的比较独特的问题，就是**强烈的育儿压力**。本书开头部分所述的“不想让孩子辛苦”的情感与风险规避意识和体面意识叠加在一起，将年轻人引向了不生孩子的方向。

下面我将分别考察这三个日本固有的特征。

第一节

“生涯生活设计”+“风险规避意识”

交往之前就看清了育儿后的晚年生活的日本女性

在现代日本社会，有很多人会去做关于结婚/生子的“生涯生活设计”。而且，要将生活设计中的风险降到最低，即最优先考虑规避风险的价值观比较强烈。

这两种要素交织在一起，成为现今日本社会年轻人不愿结婚、生子的重要原因。

这不由得让我想起，与日本相比，在欧美，认为做生涯生活设计也是白费力气的人以及生活中愿意冒风险的人很多，所以同居、结婚、生子的人在增多。在欧美，认为“顺其自然”（这并不是指一首歌的名称），船到桥头自然直，即使现在想得再多也没有用的人要比日本多（例如，在工作中，容易被解雇的同时也容易再就业，这就是欧美社会）。

日本人有做生涯生活设计这种倾向的很大的原因之一，就是日本社会享受了第二次世界大战后长达75年的社会稳定。

首先来看看“生涯生活设计”的视角吧。

京都大学的教育学家小山静子教授说，在日本，“生子”和“育儿”是一套组合（《孩子和教育》，日本经济评论社，2018）。她指出了这样的倾向，即若看不清将来的育儿状况则不能下定决心生孩子，换言之，若不具备在理想的环境中将孩子养大成人的条件，就不愿意生孩子。

而且，近些年来，也必须将“男女交往”、“结婚”、“教育费”，以及“晚年生活”加入这一组合之中了。

在2010年实施的内阁府调查中，未婚女性想结婚的理由中排名靠前的一项是“不想晚年时孤独一人”（参照图表19）。

可以推测，这是女性如果结婚生了孩子，等自己年纪大了时因为有孩子在而不会寂寞的思考在起作用。这应该可以说明很多女性在尚未结婚时就想到了晚年生活。另一方面，比较有特点的是，男性中这一选项的回答率要比女性低。

而且，正如本书开头所述的母亲对孩子说“不能与借助学贷款的人交往”的案例那样，哪怕是在准备开始“男女交往”的阶段，也要在想清楚将来的结婚生活和育儿生活的情况下判断是否要交往。

换言之，并不是仅仅靠喜不喜欢的恋爱情感决定交往，而是

图表 19　未婚者“想结婚的理由”

未婚者（20—39岁）“想结婚的理由”（可多选；单位：%）

	男性	女性
想有家人	59.1	59.2
想要孩子	54.8	59.9
想与自己喜欢的人在一起	61.7	60.1
想要安稳	39.1	41.0
一个人会寂寞	24.7	28.3
想相互提高	20.6	24.0
家务负担会减少	7.9	3.3
想让父母和亲戚安心	34.6	46.8
想要经济上稳定	15.6	42.9
想得到社会认可	18.9	17.2
不想晚年时孤独一人	26.8	44.3
处于适龄期	14.4	24.3
其他	1.1	1.5

数据来源：内阁府，《关于结婚/家庭形成的意识调查（平成22年）》

带着与对方交往后、结婚后将来会过什么样的生活的想法来判断是否交往的。

可以推测这样的倾向尤其是在女性中以及在未婚女性的父母中比较强烈。这是因为在女儿结婚之前，他们就比较担心男方是否有足够的经济实力能够让女儿将来的生活高枕无忧。

喜欢高个子、帅气的男性是为了将来的孩子?

在此，请允许我继续讲一个小故事。

我曾经听一个女生说，“我只和个子高的男生交往。因为我个子矮，如果生个男孩，个子矮的话会很可怜”。

也就是说，这位女生甚至将尚未出生的孩子的身高问题纳入考虑范围来决定所要交往的对象。这也是出于对尚未出生的孩子的未来的担心。

作为男性的我一直以为个子高的男性受女性欢迎是因为看上去帅气而刺激了女性的恋爱情感（我是属于个子矮的一类）。

当然，我觉得女性选择高个子男性可能也有这方面的原因，不过，对于为尚未出生的孩子着想而“理性地”选择高个子男性的这种想法，我还是比较吃惊的。

我在其他场合谈起这个事情时，没想到一个女学生对我说，“因为常言说女孩子像爸爸，所以想与英俊的男性结婚。老师，你要知道女孩子小时候是否可爱，受到的待遇会截然不同的”。

也就是说，对于女性来讲，交往对象将来成为结婚对象的概率比较高，而结婚对象成为孩子父亲的可能性比较高。所以就有女性在看清这一点的基础上选择交往对象。她们想要预先规避孩子背负缺陷的风险。

即使在找对象、育儿、教育、晚年等方面分别给予支援也无济于事

再介绍一个令我吃惊的小故事吧。我的研讨课的学生们曾经参加过某个以讲述未来为主旨的电视节目的录制。当时，针对主持人“对养老金有没有感到不安？”的提问，一个女生回答说，“因为我加入了个人养老金，所以对我个人来讲还是安心的”。

从学生时代就开始加入个人养老金的想法，至少在我年轻时（1980年左右）是没有的。与我同年代的主持人松原耕二也是吃了一惊（BS-TBS，《报道1930》，2018年11月播放）。

但是，这个女生打算从学生时代起就开始持续分期付款，为晚年的养老金做准备。

此外，另一个女生计划“30岁时生孩子”。说这是因为在这之前的一年（她29岁的那年），她的教师母亲正好可以退休。由于自己想结婚生子后继续工作下去，因此想请母亲帮忙照看孩子，但又希望自己能尽早生孩子。

据她说，这样考虑的结果就是计划在30岁时生孩子。而且，她说：“我的母亲也是这样边工作边请祖母帮忙照看孩子的。”

也就是说，现代的很多日本年轻人已经在心里描绘着从年轻到晚年的生涯生活蓝图了。而且，可以看出年轻人在朝着生涯生活设计所预定的轨道前行。这个轨道包括结婚、不要离婚、好好

地将孩子抚养长大、度过悠然自得的晚年生活。

为了晚年过上更好的生活，必须要好好地养育孩子；为了能好好地养育孩子，必须有足够的家庭收入；为了有足够的家庭收入，就必须与高收入的男性结婚。因此，必须只与高收入的男性交往——很多女性就是这样倒推着打算的。

日本的年轻人并不觉得恋爱是恋爱、结婚是结婚、育儿是育儿、孩子的教育费等孩子长大后再考虑、晚年生活等晚年再考虑，也就是说，他们并不会把这些问题孤立开来看待。这一点是政策负责人怎么也不能理解的。从相见那一刻起就考虑到晚年生活而行动的人占了相当大的比例。

因而，若单单提供相遇的机会，或单单给予结婚、育儿的支援的话，少子化对策是怎么也不会奏效的。

少子化对策的负责人应该在考虑到这一事实的基础上再采取相应的对策。

日本人原本就不喜欢风险，这种倾向因最近的“风险化的进展”而显得越发强烈

下面我们来考察一下日本人的风险规避意识。

在刚才讲述的生活设计中，**不能按照年轻人所描画的轨道前行的“风险”在提高。我个人判断，这可以说是日本少子化的主**

要原因。

原本，日本人就不喜欢“风险”。

例如，与世界其他各国相比，在日本，即便是拥有资产的人也往往有喜欢存钱而不愿投资股票、信托和外币存款的倾向。与其承担风险去尝试某种新的事情，不如做一些安心、安全的事情，有这种想法的人比较多。

对年轻人来说，将来的日子能否过上中流生活是他们非常关心的事情。

自第二次世界大战结束到1980年左右，人们没有想过结婚后的经济生活会出现很大的风险。那时候的男性，他们是可以指望成为正式员工后，收入可以根据“年功序列制度”（日本企业的传统工资制度，即基本工资随员工的年龄和工龄增长的制度）得到提高的。

而且，像农家等自营业主，由于受到政府的保护，作为自营业继承人的男性，他们的收入也基本是稳定的。因此，无论与哪种男性结婚，女性们都不用担心将来经济生活上的风险。

这才是第二次世界大战结束至1980年左右出生率稳定的真实原因。

但是，自1990年左右开始，这种情况发生了变化。如德国社会学家乌尔里希·贝克所言，受全球化影响，风险也在全球化发展。这是因为已经出现了对现在的年轻人来说无法再认为“将来总会有办法的”状况（乌尔里希·贝克：《风险社会》，译林出版社，2018）。

也许是出于这个原因，例如在职业方面，规避风险的倾向在加强。日本能率协会每年都会针对新进职员调查他们的跳槽意向，而回答“想工作到退休”的人每年都在增加。在就业方面，现在还有很多学生将企业的稳定性作为首要条件。

对女儿的结婚越发感到不安的父母们

结婚方面也一样。为了规避将来从“普通水平的生活”中跌落下来的风险，人们要提前做好“男女交往”“结婚”“生子”“育儿”“教育费”“晚年”等一系列生活规划。而且，如果觉得存在不能过上“普通生活”的风险的话，就会推迟自己的决定。

如今，作为非正式员工的年轻人在增多。另外，在自营业主中，对能否持续下去感到担心的人也很多。而且，即便是正式员工，他们对今后的收入能否稳步提高也没有把握。

关于将来的收入，在未婚男性之间产生了“风险差距”。

在这样的情况下，对于女性来说，为了将来的生活着想，寻找职业更为稳定、在更为稳定的企业工作的男性的倾向将更加强烈。

因为仅仅在结婚时有能够过着“普通生活”的收入是不够的，还必须要考虑到将来的晚年生活。由于今后要买房、要让孩子接受教育、晚年要靠养老金生活，所以她们想在考虑清楚这些节点的经济情况后，再决定是否结婚、生子。

我现在在担任《读卖新闻》的人生向导栏目的答复人，时常会接触到有关担心结婚后的经济生活的问题。也可以看到尤其是女方的父母，由于女儿的结婚对象是非正式员工而加以反对的投稿。

现在结婚适龄期的年轻人的父母（2020年大概60岁左右）在年轻时，男性基本都是正式员工，将来收入的稳定性是得到保障的。

但是，现在的年轻人并不是这样的，所以女儿的父母比年轻人还要感到不安，他们反对女儿与没有稳定收入的男性结婚。

另外，在《读卖新闻》投稿网页的“发言小町”栏目中，也可以看到很多对结婚对象的男性的收入和资产状况感到不安的相关投稿。

例如，曾经有过这样一个投稿，其标题是“对交往多年的男友，是否应该以‘没有钱’为理由跟他分手？”投稿者发现打算结婚的男友存款为零，问大家是就这样结婚呢，还是应该放弃。

读者的反馈中，大部分对给将来留下经济隐患的结婚持否定态度。也有读者回答说应该立即分手，赶紧重新找对象。

在难以重新开始的日本社会中，人们更趋向于规避风险

一个人有想要规避“生活风险”的愿望，这是理所当然的。

但是，哪怕只是存在一点点无法生活下去的可能性就不结婚、不生子的话，那么在现在这个充满风险的社会中，不能踏入婚姻殿堂、不能生孩子的人自然会增多。也正因为这种社会的不稳定性，年轻人才会选择风险尽可能少的道路。

另外，欧美社会原本就有对敢于冒风险开始新事业的人持赞赏态度的文化。甚至，换工作也被当作理所当然的。因此欧美社会被称为“容易重新开始”的社会。

但是，以应届毕业生一次性录用、终身雇用等习惯为典型特征的日本，是一个有着一旦偏离轨道就很难重新开始的劳动惯例的社会。

这也适用于结婚、生子。虽说再婚的案例有所增加，但在日本离婚即是失败的评价会伴其一生。

而在欧美社会，即便结了离、离了结、结了又离也不会被认为有什么特别的问题（截至2020年3月，时任美国总统的特朗普已经是第3次结婚，而英国首相约翰逊也离过2次婚，正准备结第3次婚）。在欧美，正如跳槽意味着水准的提升那样，离婚意味着有再婚以及让彼此能找到更好的对象的机会。

另外，在日本，离婚后的单亲（母子）家庭陷入困难的情况也时有报道。在日本，离婚后的社会保障确实并不充分，单亲家庭的贫困率是先进国家中最糟糕的。

出于上述情况，日本人“若存在关系到将来生活的风险的话，就不结婚、不生子”的意识比较强烈，这毫无疑问推动了日本少子化的发展，但是要获得直接揭示这一关系的调查数据却很难。这一点，我曾经在某个政府系统的研究会上指出过，但当时某个官员对我说：“如果要改变人们的风险意识的话，那么就无法采取‘对策’了。”

虽说尽力让日本社会成为“无论在工作方面还是家庭方面都很容易重新再来的社会”或许是最有效的，然而要实现这一点，不仅需要大胆的改革，还需要改变雇用习惯和人们的意识，这是一项相当艰难的课题。

第二节

体面意识——“想避免别人对自己负面评价”的意识

重视“保持体面”的日本社会——不愿被别人看低

下面来考察一下日本社会根深蒂固的“体面”意识对少子化的影响。

在日本，这种强烈的“体面”意识已经成为妨碍结婚和生子的重要因素。

在日本的社会环境下，并不是与喜欢的对象结婚就能过上幸福的生活，也并不是有了孩子就能过上快乐的家庭生活。日本人非常重视在周围人面前保持“体面”。

在此，必须对日语中的“世間体”（即“体面”）一词下一个定义，辞典上的解释是“面对人世间的外表或门面”（《大辞泉》）；如果再查一下日语“世間”，辞典上的解释是“人们聚集生活的场所”。

而且，这个词语要翻译成其他语种的话相当困难。

查一下日英辞典，最先出来的结果是“appearance”，即“外表”。但日语中的“世間体”一词并不仅仅表示外表，要想让外国人理解蕴含在体面这一词语里的、在日本社会发挥着巨大威力的“人世间的眼光的压力”，是很困难的。

听说这个词在中文里被翻译成“面子”，但这似乎也与日本社会使用这一词语时所表达的含义有所不同。

在此，我暂且将“保持体面”定义为“保持不会被身边的人指指点点的生活和行为”。总之，**不受到身边的人——父母等家人以及关系密切的亲戚、学校或职场的同伴、日常生活中的朋友等——的负面评价这件事对生活在日本的很多人来说是最优先考虑的事情**。

若是被周围的人知道自己过着不能保持体面的生活，或是做出了有违体面的行为的话，那么这个人将在自己所属的集体中难以待下去。换言之，周围的人会对他“避而远之”并“防止其接近”，最终则很有可能导致这个人被排挤出该“圈子”。

具体而言，一方面，若某个人不能保持“普通的生活水准”，则会被身边的人瞧不起或者受到他们的同情。也就是说，这个人将不再被视为同类，而被视为另一层次的人，被他人看“低”。

另一方面，若某个人做出与大多数人不同的举动，则会被身边的人看作“异类”，而不再被看作同类。

在日本社会，无论是多么好的事情，只要做出与多数人不一样的举动，都是不会得到肯定的，而如同人们常说的“读空气”

（看氛围，有眼力见）那样，与周围的人步调一致，这样的行为则会得到肯定。

要想保持体面，首先要“**维持普通的生活水准（与周围人相比毫不逊色的生活）**”，而且要“不做出与（身边的）大多数人相差甚远的举动”，即**与多数派的行为保持步调一致**是很重要的。

在此，我将这种所谓“日本式体面”分为两个要素（“与生活水准相关的体面意识”以及“与多数派保持步调一致的压力”）来考察它们与少子化的关系。

这两个要素几乎涉及了所有的生活领域，从结不结婚，结婚对象的学历、年龄和相貌，到居住区域、住宅、孩子所上的学校以及着装等。认为“自己好好做好自己的事，周围的人怎么看都无所谓”的日本人是少数。

我们首先从后者的“**与多数派保持步调一致的压力**”来做个考察。这里也可以分为两种意识：一、关于“结婚形态”的体面意识；二、关于“结婚对象”的体面意识。正是由于这两种意识的存在，才使得日本的结婚形态总也不能得到多样化发展。

与多数派保持步调一致的压力，其一，关于“结婚形态”的体面意识

在日本，“同居”、“婚外生子”以及“事实婚姻”（没有进行

结婚登记的结婚）并没有像欧美那样普及，因为如果做出这些行为将被看作“异类”，是不光彩的事。

法律上也并没有禁止同居和非婚生子。而且，在很多欧美先进国家中同居现象比较普遍，如第一章所述，像瑞典、法国这样婚外出生的孩子超过半数的国家也并不罕见。

但是，在日本，18—34岁的未婚者中，同居的比率在2015年仅有1.7%（参照图表20）。在日本存在着要同居就应该先结婚的这种事关“体面”的压力。

图表20　年轻人（18—34岁的未婚者）的同居率

	1987	1992	1997	2002	2005	2010	2015
男性	0.9%	1.1%	1.7%	2.3%	1.9%	1.6%	1.7%
女性	0.7%	1.1%	1.7%	2.4%	2.3%	1.6%	1.8%

数据来源：国立社会保障及人口问题研究所，《第15次出生动向基本调查》(2015)

图表21　与海外各国同居率的比较

18—49岁者的同居经历（含已婚者;单位:%）

	日本	韩国	美国	法国	瑞典
没有同居经历	81.3	95.4	45.4	18.6	18.3
以前有过，现在没有	17.3	3.0	41.1	47.8	47.3
现在同居中，计划结婚	1.0	1.3	7.6	8.7	10.8
现在同居中，没有结婚的计划	0.3	0.3	3.4	17.2	12.8
不明确	0.1	—	2.5	7.8	10.9

数据来源：内阁府，《关于少子化社会的国际意识调查：报告书》

此外，正如前一章中所述的那样，在日本，大多数未婚者是与父母同住的这一现实也阻碍了同居现象的发生。

那么，独自一人生活的单身者想同居的难度应该很小吧。然而，很少有父母会欣然同意孩子与交往对象同居。

因此，在日本，作为“尝试”与喜欢的异性住在一起的通道是被关闭着的。

对与父母同住的未婚者来说，与异性住在一起就意味着事实婚姻。如果不能尝试同居就必须要慎重选择对象。因为住在一起后，即使发现“不对”也无法重新再来了。

这种“体面”意识与风险规避意识叠加在一起，导致年轻人对结婚敬而远之。

从“奉子成婚”的增加中看到希望——体面的内涵发生变化

不过，“体面”的内涵正在发生变化。因为“世间”没有绝对的标准。

这一点可以从“奉子成婚”的事例中看到。

“奉子成婚”是指知道怀孕后去登记结婚，然后生子［兵库大学的社会学家永田夏来副教授将其称之为“先行妊娠结婚”（《终身未婚时代》，东方新书，2017）］。为了不让出生的孩子成为“婚外子女”而结婚的情况比较多。

据调查可知，在日本，到2006年为止，头胎孩子中有30.8%

是怀孕后才结婚的夫妇所生的（根据厚生劳动省调查）。由于在这之前的数据未公开过，所以实际上有没有增加尚不清楚。不过，现在这个比率有降低的迹象，2014年的该数据显示为24.7%。

这里有两种体面意识在起作用。

首先，认为没有结婚就生孩子是有违体面的事情，即使受到别人指责也没什么可说的，这种体面意识还顽固地残留着。此外，下一节里将会讲到，还存在“不能让孩子受苦”的意识在发挥作用。

但这也就产生了即便是未婚先孕，只要结婚就不会有违体面的状况。

1980年左右，奉子成婚还是受人指责的事情。因此，即便计划要结婚，若在交往过程中怀孕了的话，很多情侣会选择堕胎（人工流产）。

但是，对于体面来说重要的是“数量”。整个1990年代，奉子成婚的事例增多了，达到三成的话，就不能再说是少数派了。因此，奉子成婚的人也不再被别人称为“另类”。

例如，在长寿节目《新郎新娘，欢迎光临！》（朝日电视系）中，堂堂正正地说结婚是因为怀上了孩子的夫妇变多了，我们可以从这个现象中得知这一点。

像这样，因为“奉子成婚”变成了不再是有违体面的事情，所以可以判断日本的出生率应该多多少少稍微增加了一点。如果奉子成婚不存在的话，那么有八分之一的孩子可能不会被父母选择生下来，总和生育率将下降到1.2左右。

顺便提一下，韩国的出生率，虽说最近也增加了，但与日本相比还是很低（参照图表6），我推测这是因为在韩国，奉子成婚至今还被认为是有违体面的事情。

与多数派保持步调一致的压力，其二，关于“结婚对象”的体面意识

下面来看看关于结婚对象的体面意识。

谁和谁结婚了，这往往会成为周围人关心的一个话题。

这从现在的电视和网络新闻中也能看出，从皇室成员到政治家、艺人，那些名人的结婚必定会成为大家关心的话题。

身边的人也一样，家人、亲戚、朋友以及学校的同学与什么样的人结婚了，同样也会被大家谈论。

此时，话题的基准应该可以说是“等级”。不仅包括学历、年龄、职业、收入、相貌、居住地等属性，而且还包括家庭背景，即父母的职业、资产以及出生地，甚至是离婚经历、国籍等。这些都会被别人拿来综合考虑并做出一些评判。例如，哪一方等级层次比较高、和等级层次比自己低的人结婚真是吃亏了、为什么能与等级层次那么高的人结婚等。人们就是生活在这些沸沸扬扬的评论世界里。

而且，这些等级的评定方法在男女间有很大差异。

男性是本人的学历、收入、职业等方面的影响比较大，女性则是容貌、年龄以及家庭背景等方面的影响很大。如果看一看我经常引用的网页“发言小町”中与男女关系相关的投稿，就可以清楚地看出这一状况。

在日本社会，对他人来说两个人有多么相爱不是需要关心的内容。他们将关心的焦点只聚集在结婚的两个人的等级层次是否般配这一点上。

对于低于自己预期的人，会以“不适合自己”为由加以排除

若将这点套用于想要结婚的人，那就是需要他们在选择结婚对象时要经常将自己和对方的等级层次进行比较，选择与自己相差不太大的对象结婚。如果不这样的话，周围的人，尤其是父母将会做出“批判性言论和行动”。换言之，必须要做好受到批判的思想准备再结婚。

在我曾经碰到的案例中有这样一个例子，虽然这是一个极端的个例。

在一个地方城市，有一对同卵双胞胎姐妹，她们学历一样，且都是公司普通职员。

其中一方在25岁左右时与一个高学历、高收入、性格温和的男性相识并结了婚。两人都工作，丈夫还帮忙做家务、带孩子，过着非常富裕的生活。

而双胞胎姐妹中的另一个，快到40岁了却还是未婚状态。

接下来只是我的想象，我猜想，这是由于未婚的那个人会想，两人是家庭背景、相貌都一样的双胞胎，找一个比已婚姐妹的丈夫差很多的男性交往或结婚是“不体面”的事，自己应该也能找到一个与其相当的人结婚才对。

即使不是双胞胎，也会出现类似的问题。当亲姐妹、堂姐妹，甚至同学中与自己相同等级层次的人和理想的男性结婚时，自己就会产生“我应该也能够与差不多层次的男性结婚”的期望，这是自然而然的事情。相反，这也成为她们觉得“不适合自己”而将在自己期待值以下的男性予以排除的理由。

体面也涉及地域。井上章一的畅销作品《讨厌京都》（朝日新书，2015）的开端记述了一个故事，说他不经意间听到了一个居住在京都市中心的女性在叹息，原因是有人介绍自己与居住在京都郊外的男性相亲。对于关东出生的我来说虽然不是很明白其中的道理，但我想这大概是关乎到了京都市中心的女性的尊严吧。

另外，如果是男性，作为结婚对象的女性的年龄和容貌自然会成为男性之间的话题，这也会导致他们对结婚对象的期待值提高，从而出现他们不与期待值以下的人交往的状况。

在欧美社会，虽然人们也会谈论与结婚对象的等级层次相关的各种话题，但他们更为关心的是“当事人与结婚对象是有多相爱”。

即便那不是真心话，不，正因为不是真心话，才促进了基于

“恋爱至上主义”的情侣的形成。

关于生活水准的体面意识——日本人实际上相当贫困

接着，我们转移到“关于生活水准的体面意识”与少子化的关系的考察上。

在考虑日本的少子化问题时，我认为这一点产生的影响是最大的。

谁都不想被周围的人认为自己是“贫穷的”。很多人都讨厌因没有过上“普通水平的生活”而被周围的人看不起或被别人同情。

因此，这就产生了哪怕现实生活确实辛苦，但出于体面意识，也要让自己看上去像是过着普通生活的必要。**我想，这就是日本尽管贫困率在先进国家中是很高的，但贫困问题却总也没有成为社会问题的一个原因。**

实际上，日本的相对贫困率（收入处于平均收入的二分之一以下的人口所占国家或地区总人口的比例），在2015年时是16.0%（经济合作与发展组织，简称为OECD的平均值为10.5%）。在OECD的34个国家中属于第六高，在G7（七国集团，包括美国、加拿大、英国、法国、德国、意大利以及日本）中仅次于美国，属于第二高。

日本人均GDP在OECD各国中属于最低档，处于贫困状态的人的比例在先进国家中算是相当高的。

顺便提一下，2018年，美国的人均GDP为62 869美元，德国为47 662美元，与此相对，日本为39 304美元。虽说美国的相对贫困率很高，但平均收入是日本的1.5倍，所以过着贫困生活的人的真实比例，可以说日本要比美国更高。

因此，人们常说日本是先进国家中贫困人口较多的社会。“意识上是中流，而现实中常与贫困相邻”。后面将会讲述，这是日本少子化的一个很大的原因。

此外，尽管贫困人口很多，但很多人并没有对外公开自己的贫困，这一点大家都很清楚。因此，可以认为这是前文所述的“风险规避”意识发挥了很大的作用。

这儿所说的周围的人，前面也讲过，是指亲戚、学校的同学、职场的同事等。在我的印象中，日本人的尊严似乎只在于不被别人看不起。

这是因为，在现代日本社会，尽管事实上存在经济上的差距，却不存在“明确的阶级区分”。而且，这种情况给少子化带来了很大的影响。

“社会的普通生活水准”变高——仅剩下中流意识的社会

很多欧洲社会是有阶级区分的社会。即便在美国，虽然没有欧洲那么严重，但据说也是有阶级意识的。文化人类学家中根千枝在其最新著作中也强调了这一点（《纵向社会与现代日本》，讲谈社现代新书，2019）。

在这样的社会里，中产阶级与庶民阶级（劳动者阶级）的两种世界之间，从服装到说话方式，他们的日常生活方式存在很大的差异。这样一来，中产阶级以中产阶级的生活水准为目标，而庶民阶级则以庶民的生活水准为目标就可以了。

而日本社会，经过高度成长期后，已然成了一个很多人认为自己是中流阶层的社会。若是看一看各种舆论调查，可以发现，截至1980年，认为自己属于“中流”的人超过了80%，虽然近些年来多多少少有下降的倾向，但这种意识直到现在还延续着。

也就是说，日本社会正在成为一个将过上“普通”生活视作理所当然的社会。换句话说，日本社会变成了一个若不能过上“普通”生活就无脸面对世人，会被亲戚、职场的同事、学校的同学看不起的社会。

而且，从现在日本的绝大部分人认为自己是中流阶层的现象可以看出，日本社会已经是一个“普通的生活水准”变高了的社会。

家电产品齐全自不必说，现在的普通生活还要求（有必要的话）有车、（到一定的年龄后）住上公寓或拥有单门独户的房子、让孩子上补习班或课外兴趣班、能让孩子上大学。

人们会努力避免因没钱而达不到这些要求的情况发生，即**避免从中流生活跌落下来的情况发生**。

下一章将会讲到，在日本，人们“不想让孩子受苦”的意识非常强烈。对父母来说，难过的是别人能为孩子提供普通水平的生活，自己却因为没有钱而不能为孩子提供普通水平的生活。

不能为孩子提供“普通水平的生活”，这会动摇人们作为父母的自信。而且他们认为绝不能让孩子将来觉得“父母没有能够为我……”

因而，人们不仅会自主限制生育孩子的数量，而且如果觉得将来不能为孩子提供这样那样的环境的话，他们连婚都不会结。

第三节

强烈的育儿压力——不愿让孩子受苦

虐待现象的增加与育儿压力

最后，来讲一下日本的育儿压力。

曾经有一位来自中国的、专攻方向是家庭研究的留学生问我："日本的父母对自己的孩子是不是没有什么感情？"之所以这么问，是因为大众媒体中老是有一些儿童被父母虐待致死的新闻报道。

事实上，与结婚/生育情况相反，虐待儿童的现象在进入1990年代后开始不断增加，到2018年时通报的案件数已经达到了约16万件。这种增长方式与终身未婚率的上升曲线相似。

虐待儿童案例的增加不正是育儿压力的一种证明吗？想着"既然不能像一般人那样养育孩子的话，索性就不要了"而抛弃孩子，这不也是虐待儿童案例增加的一个原因吗？

造成严重的虐待事故的父母，很多都因为是非正式雇员而在经济上比较贫困，处于无法为孩子提供普通水平的生活环境的状况（即便这样，也不能因此就可以犯罪）。

很多人“为了规避将来陷入不能正常地养育孩子的境况的风险而放弃结婚和生子”。我认为，这是带来少子化问题的最大因素。这不仅仅出于体面意识这样一种外在压力，也基于父母对孩子的爱，所以想要改变是相当困难的。

为孩子花钱是父母对子女的爱和责任的意识

当然，在欧美，父母也是存在对孩子的强烈的爱的。但是，正如在第三章第三节中关于“单身寄生族”的部分所讲的那样，在欧美，人们有对孩子的养育到孩子成人就结束、孩子成人之后应该经济上独立而不再依靠父母的强烈意识。而且，欧美人倾向于认为与孩子进行交流就是对孩子的爱的表现，这一点在前面已经陈述过（因此，很少有像日本、韩国那样的只身赴任现象，离了婚的父母也强烈地主张自己对孩子的探视权）。

在日本社会中，父母“不想让孩子受苦”的感情是放在第一位的。看到孩子受苦，父母会感到很伤心。为了不让孩子受苦，父母需要事先考虑周全。

因此，这就需要对经济实力有一定程度的预期。也就是说，在日本，如果其他人家的孩子能买得起某种东西，而自己家的孩子却买不起，或者是其他人家的孩子有自己单独的房间，而自己家却没有能力给孩子一个单独的房间，又或者是其他人家的孩子都在学习一些才艺，而自己家却没有这个经济实力送孩子学习才艺，这对父母来说是痛苦的事情。要想避免这些情况的出现，就只好不要孩子或者自主限制生育孩子的数量。

另外，在日本霸凌现象很多，因受到霸凌而自杀的事例经常出现在新闻报道里。当然，受到霸凌的原因很多，但其中一个原因就是自己不能拥有别人有的东西。于是，父母们为了避开孩子受欺侮的风险而不得不在孩子身上花足够多的钱，这也导致了父母们少生孩子的现象。

此外，前面也已经介绍过这样一个案例，在对一个父亲进行采访调查时，他回答说，“因为想给孩子单独的房间，所以我要不起两个孩子”。因为这位父亲有过小时候与哥哥共用一个房间的痛苦经历，所以不想让自己的孩子有同样的经历。他的逻辑就是，以自己的收入来看，给孩子准备一个单独房间就已经竭尽全力了，所以没有办法要两个孩子。

如果像欧美那样，认为在孩子小的时候只要给予他们爱就可以，成人后的生活是孩子自己的事的话，那么养育孩子时的经济实力什么的，也许就没有必要去想那么多了。然而，在日本，由于父母“不想让孩子受苦”的意识比较强烈，而且会一直延续至孩子成人后，所以他们不得不考虑自己的经济实力。

换言之，**可以认为日本的少子化是由父母之爱、体面意识和风险规避意识这三者相结合而造成的。**

针对这种情况，如果采取欧美式的少子化对策，即创造条件让女性出去工作、不管怎样能让孩子过上最低限度的生活即可的支援政策是“无效”的。

这是本章，不，是本书所得出的结论。

而且，这种逻辑也适用于很多亚洲国家的少子化对策。因为在这些国家和地区中，为孩子花费大量金钱是父母对孩子的爱和责任的意识与日本一样强烈。

女性的期待值与男性的现实——不合拍的多数派

在本章的最后部分，作为附录，将介绍下面两个调查结果。

一个是明治安田生活福祉研究所2010年的调查（参照图表22和图表23），另一个是2019年《朝日新闻》民意调查部的调查（参照图表24），这两个调查我都参与过。更重要的是，是我提议将下面这个问题纳入调查中的。

这是一个向未婚者询问愿意与年收入多少的人结婚的问题。针对这个问题，男女间的回答有着很大的差异，男性回答不介意的人占大多数，而女性回答不介意的比例在两个调查中均约为20%。

而且，女性对对方收入的期待值比较高。然而，现实中的未婚男性的实际收入要低于大多数女性的期待值。

换言之，很多女性认为想要过上体面的生活的话，如果男方没有相当高水平的收入是不行的。

图表 22 未婚者（20—39 岁）对结婚对象年收入的期望

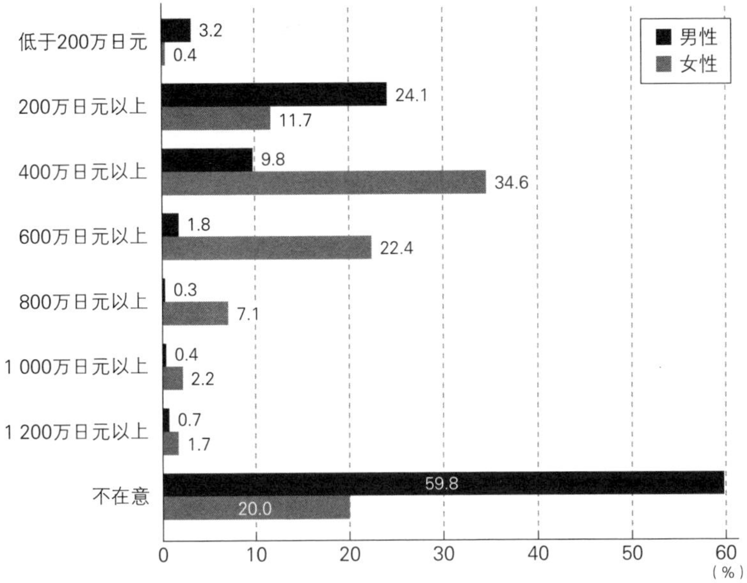

（注）数据来自明治安田生活福祉研究所2009年的“第6次关于结婚/生育的调查”。
数据来源：明治安田生活福祉研究所，《生活福祉研究：74号》（2010）

图表 23 未婚男性（20—39 岁）的实际年收入

（注）数据来自明治安田生活福祉研究所2009年的“第6次关于结婚/生育的调查”。
数据来源：明治安田生活福祉研究所，《生活福祉研究：74号》（2010）

这一点我在其他书里也论述过。当我在英国发表这一调查结果时，一个大学的男性教授对我说：“你竟然提出了一个这么失礼

图表 24　对结婚对象的年收入的要求（25—34 岁的未婚男女）

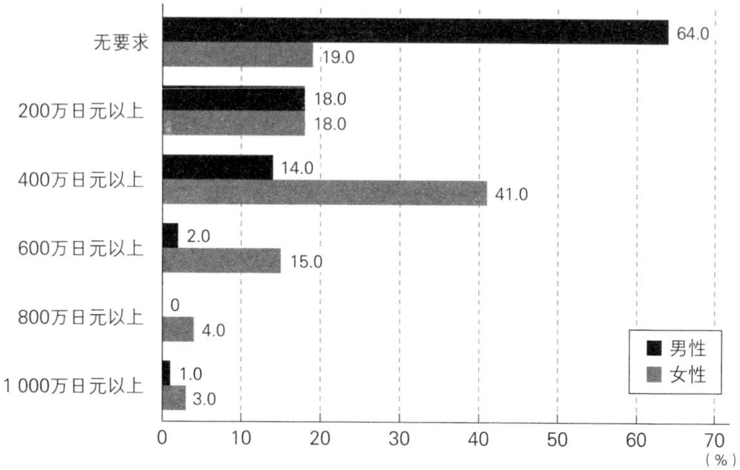

数据来源：《朝日新闻》2019年1月13日的晨报，《朝日新闻》民意调查部的调查（2018）

的问题吗？”他说，如果是英国的女性的话，她们也许会回答说，结婚必须基于爱情，不可以介意对方的收入。

相反，在中国发表这一结果时，听说中国的女性不仅会询问男性的收入，还会问及男方父母的资产状况。据说，这是因为结婚的时候，由男方父母准备好新房是中国中产家庭的习惯。

像没有发生少子化的英国那样，如果不介意对方收入的女性在日本有所增加的话，原本也是有可能会消解少子化问题的，然而，从2010年和2019年的调查数据基本没有发生变化这一点来看，可以知道要求男性有一定程度以上的收入的女性是多数派，这一状况是难以改变的。

第五章

在日本能否形成有效的少子化对策

第一节

日本少子化现象的根本

年轻人的“从中流跌落的不安”导致少子化的产生

结论很简单，正如在前一章所述，日本人在“生涯生活设计”中，哪怕是存在一点点“无望获得大多数人那样的生活水准”的风险，他们都会规避结婚/生子。其背后存在着“不能让孩子受苦”的强烈的育儿情感约束。

而且，在现在的经济状况下，认为很难过上一生都能保持普通生活水准的婚姻和育儿生活的年轻人在增加，且已经达到了相当的数量。

不管怎么说，结婚/生子是“改变生活状况的大事”。既有可能使生活水准向更高的方向变化，也有可能使生活跌落至普通水平以下。想降低陷入后者的风险，那是自然而然的事情。

在日本，人们有很强的意识去规避从“普通生活”跌落的可

能性。我将这称为“从中流跌落的不安”（参照拙著《为避免下坠而竞争》，朝日新书，2017）。这种“从中流跌落的不安”导致人们不愿意结婚，甚至不愿意与异性交往。而且，即使结了婚，这种不安意识也会成为一种妨碍，阻碍人们生育超出期望的更多的孩子。

也就是说，要想让少子化对策奏效，那么就需要让年轻人消除“从中流跌落的不安”。具体而言，就是需要让绝大部分年轻人有一种“确信”：即便结婚后生育两个以上的孩子也能够一生维持普通的生活水准。

没有或不可能有“从中流跌落的不安”的欧美年轻人的状况

迄今为止，日本所采取的对策并没有能够消除年轻人“从中流跌落的不安”。之所以这么说，那是因为正如我在第三章里指出的那样，一直以来，日本都是以“从中流跌落的不安”意识比日本薄弱的欧美社会的少子化对策为模型的。

在欧美，有以下几个原因使得年轻人很少有“从中流跌落的不安”。

1. 在北欧国家、荷兰、法国等社会保障制度比较完善的国家中，与年轻人相关的社会保障比较充实。有失业保障、住宅保障等，育儿支援政策也比较充实。另外，工作上也很少有女性性别歧视。在这些国家中，即使结了婚（同居）、生了孩子，也是有指望能维持一定程度的生活的。也就是说，他们没有从中流跌落下来的后顾之忧。另外，对老年人的社会保障也很充实，所以人们确信即便到了晚年也不用担心。

2. 在美国等自由主义国家中，不管是结不结婚，还是有没有孩子，从中流生活跌落的风险都比较高。由于成人后需要生活自立（这一点在北欧等国也是一样的），所以保持单身的话，从中流生活跌落下来的风险反而会升高。而同居或结婚，则会降低从中流生活跌落下来的风险。之所以这么说，那是因为在欧美夫妻双方都工作的现象比较普遍。所以，即便夫妻中有一方暂时失业，还可以有另一方来支撑生活。而且，失业的一方还可以边带孩子边重新找工作。也就是说，同居/结婚是减轻“从中流跌落的不安”的一种手段。

3. 在欧美，在育儿方面，将孩子养育至成人为止的预测是可以成立的。不需要像日本那样担心孩子的高等教育费用和毕业后的生活。另外，育儿的压力也没有那么大，体面意识也不强，所以即便不能花钱培养孩子，父母也用不着感到愧疚。这背后既有很强的父母与孩子的交流就是父母对孩子的爱的价值观的原因，也有经济上不想让孩子受苦的意识比日本薄弱的原因。

出于以上这些原因，在欧美，同居/结婚并且生育孩子并不会加强他们“从中流跌落的不安”。若是社会保障制度比较完善的国家，因为儿童补贴等的存在，生孩子反而有可能会提高生活水平。例如，在法国，政府会对第三孩及以上的孩子支付相当高额的儿童补贴。

为什么少子化对策失败了

日本的少子化对策是按照“结婚”“夫妻双职工”“育儿”“教育”等各个生活事件零散地进行的。若是在只重视这一个个生活事件的欧美社会，年轻人确实可以通过政府对各个生活事件的支援政策而迈向下一个生活阶段。

在欧美，无须制定帮年轻人找对象的支援对策，所以只要给予女性能够将工作和家庭两立的支援，那么那些想边养育孩子边工作的女性生育孩子的意愿就会提高。而且如果提高儿童补贴的话，想生更多孩子的意愿也会提高。在欧美并不会出现父母因担心孩子将来的高等教育费而少生孩子的情况。

然而，在日本却存在着这样一些年轻人，如果觉得将来的中流生活得不到保障，他们甚至都不愿意去与异性交往。即便靠结婚支援活动与对方相识，如果觉得结婚后的生活没有保障的话，他们是很难走到结婚这一步的。比起因为没钱给孩子买吃的而不生孩子来，他们想到的是如果孩子提出想要自己的单独房间，或者孩子将来要上大学的话该怎么办，于是，他们选择了减少生育孩子的数量。

因此，如果只是孩子小的时候有儿童补贴，他们是不会贸然决定要更多孩子的。

换言之，如果不能消除年轻人将来“从中流生活跌落的不安”的话，那么日本少子化对策的效果是难以提高的。而且，这种“从中流跌落的不安”来源于现在日本社会特有的社会意识和习惯，所以现在的经济状况得不到改善的话，即便能阻止少子化的进一步发展，也很难达到反弹的程度。

也就是说，现代日本的少子化的根本原因在于尽管经济上的贫富悬殊在扩大，然而大多数的日本年轻人却依然保持着中流意识并想继续过着“普通的生活”。这表明，如果不采取政策大力地改变年轻人将来的经济状况，或者改变他们期待过中流生活的意识的话，那么少子化问题是不可能得到解决的。

顺便提一下，在民意调查中，认为自己属于“中上”或“上”的比例，按年龄层来看的话，18—29岁占比最高。而回答自己属于“中下”或“下”的比例则会随着年龄的增长而变高，在60多岁和70多岁的人中这一比例最高（参照图表25）。

这是因为年轻人中收入稳定的人已经结婚或者已经独立，而另一部分收入低的单身年轻人很多都是与父母同住，所以他们也能够过上中流生活。

也就是说，现在的年轻人都有中流意识。但是，他们会经常在现实中看到“从中流生活跌落下来的中老年人”。为了将来不变成那样，他们对结婚和生子变得更慎重了。

图表 25　年轻人的中流意识

生活水平程度问题："您家的生活水平，从社会普遍水平来看的话是怎样的？"

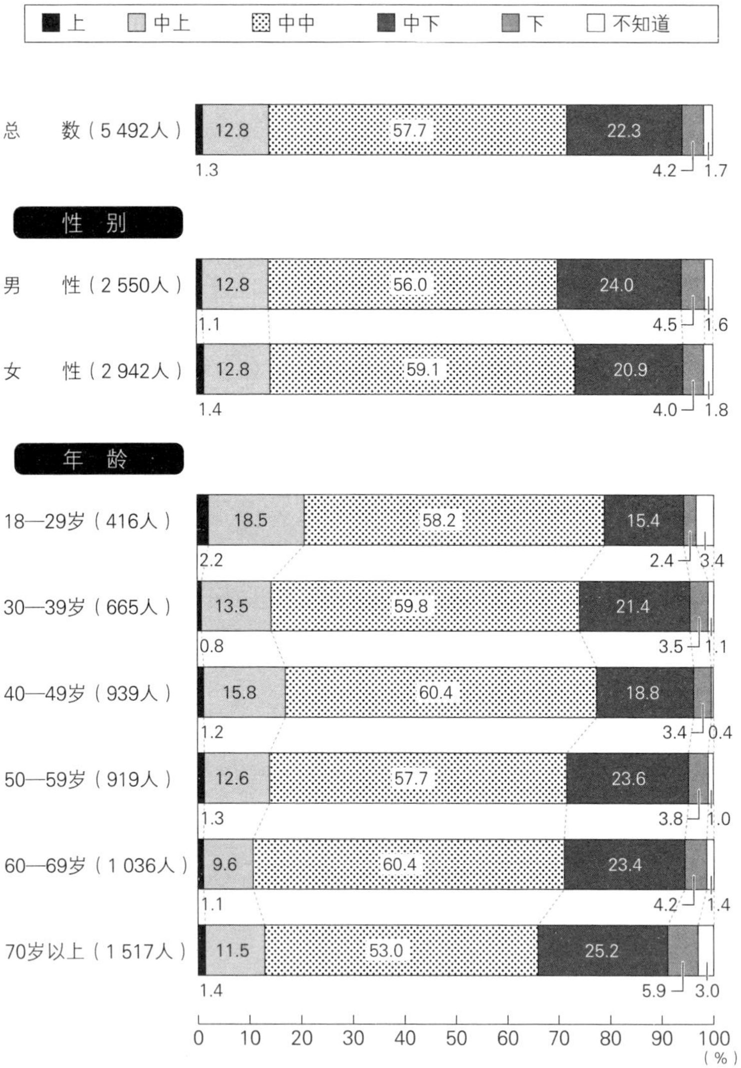

数据来源：内阁府，《关于国民生活的民意调查（令和元年）》

下一节里，我想简单地指出经济状况变动带来的“从中流跌落的不安”，是如何导致了少子化问题。

冲绳婴儿出生率高的原因——对育儿的期待水准较低

这虽然又是一个题外话，但如果我们思考一下前文中考察的那些点，就可以知道日本的都道府县中冲绳县的出生率特别高的原因了。

人们常说，在冲绳，亲族间的互助习惯很强，女性有一个较好的养育孩子的环境，所以出生率才高的，然而，似乎不仅仅只有这个原因。

冲绳县的大学升学率和人均收入在日本都属于最低水平。中流阶层比较少，非正式员工率比较高。而且，离婚率也尤其高，单亲（母子）家庭和再婚现象也比较多。

由于本土处于工业化发展的高度成长期时，冲绳尚处于美国占领状态，因此，通过终身雇用和年功序列制度获得稳定或更高的收入的男性（妻子是专职主妇）工薪阶层并没有普及。

其结果是，原本应该维持的“普通生活水准”，尤其是对育儿的期待水准并没有提高。大学升学率（含专科学校）虽说提高了，但也只有40.19%（据文部科学省2019年的调查，全国平均大学升学率为54.67%，排在第一位的是京都，为65.87%）。

而且，由于冲绳当地的大学招生人数以及大学毕业生的可就

图表 26　出生率高的都道府县和出生率低的都道府县

总和生育率（2018年）；日本全国为1.42

第1位	冲绳	1.89	第47位	东京	1.20
第2位	岛根	1.74	第46位	北海道	1.27
第3位	宫崎	1.72	第45位	京都	1.29
第4位	鹿儿岛	1.70	第44位	宫城	1.30
第5位	熊本	1.69	第43位	神奈川	1.33

数据来源：厚生劳动省，《人口动态统计》（2018）

图表 27　升学率高的都道府县和升学率低的都道府县

大学（含专科学校）升学率（2019年）；
全国为54.67%（男孩51.63%，女孩57.77%）

第1位	京都	65.87%	第47位	冲绳	40.19%
第2位	东京	65.13%	第46位	山口	43.06%
第3位	兵库	60.90%	第45位	鹿儿岛	43.28%
第4位	神奈川	60.70%	第44位	鸟取	43.31%
第5位	广岛	60.64%	第43位	岩手	43.70%

数据来源：文部科学省，《学校基本情况调查（令和元年）》

图表 28　离婚率高的都道府县和离婚率低的都道府县

每1 000人口的离婚率；日本全国为1.68%

第1位	冲绳	2.53%	第47位	新潟	1.26%
第2位	福冈	1.91%	第46位	秋田	1.27%
第3位	北海道	1.90%	第45位	富山	1.28%
第4位	大阪	1.89%	第44位	石川	1.30%
第5位	宫崎	1.89%	第43位	岛根	1.34%

数据来源：厚生劳动省，《人口动态统计》（2018）

业职位比较少，所以考上县外（相当于中国的省外）的大学，毕业后也在县外就业的年轻人比较多。而留在当地的年轻人中，不上大学的人占多数，觉得不准备孩子上大学的费用也没有关系的年轻人很多。

再加上奉子成婚、离婚、单亲家庭比较多，导致周围人的育儿水准也都不高。因此，冲绳的总和生育率才能够维持在较高水平。

换言之，在冲绳地区，生下孩子且在经济不稳定的状况下养育孩子并不是什么稀奇的事情，对女性来说，与非正式编制的低收入男性结婚，或者离婚后将孩子托付给家人也并不是什么羞耻的事情，所以出生率才会高。

我在做不同县的夫妇雇用形态的数据分析时，发现属于非正式编制且结了婚的男性中，比率特别高的就是冲绳县。这一点也可以证明上述的一些考察。

图表 29　先孕后婚率高的都道府县和先孕后婚率低的都道府县

婚前怀孕所生孩子在头胎孩子中所占比例

第1位	冲绳	42.4%	第47位	东京	19.5%
第2位	佐贺	37.5%	第46位	神奈川	19.5%
第3位	福岛	36.7%	第45位	京都	21.6%
第4位	青森	36.2%	第44位	滋贺	21.7%
第5位	熊本	36.0%	第43位	爱知	21.8%

数据来源：厚生劳动省，《人口动态统计特殊报告（平成22年）》

图表 30　非正式编制的已婚者较多的冲绳

已婚者（夫妇均在20—59岁）中丈夫的职业比例

	正式编制	非正式编制	自主营业	公司干部	其他
全国平均	82.9%	1.6%	10.2%	3.4%	1.9%
冲绳	72.8%	3.9%	17.8%	1.5%	4.0%

数据来源：总务省统计局，《全国消费实态调查（2009年）》

当然，这并不是说冲绳的正在育儿的夫妇就过得不幸福，反倒可以说因为没有“育儿压力”和“体面压力”，他们可以像欧美人那样快乐地养育孩子。

第二节

日本少子化进展概括

经济发展和出生率的稳定

接下来，我将从“从中流跌落的不安”这一视点对日本自第二次世界大战结束后至今的少子化进展做一个简单的介绍[这一思考方式，与笔者在《结婚社会学》(1996)以及《少子社会日本》(2007)中所做的叙述并无二致]。

自1955年日本进入经济高速成长期至1980年代，绝大部分年轻人并没有从中流跌落的担忧。更准确地说，他们都有能够成为中流阶层的希望。那时，人们觉得结婚后即便生两三个孩子，将来也照样能够过上多数人那样的，甚至是更好的生活。因此，那时的出生率极其稳定。

经济发展不仅带来了代内生活水准的提高，也带来了代际生活水准的提高。所谓代内生活水准的提高，是指自己这一代的生活日益变得富裕。而代际生活水准的提高，是指子女一代过上了比父母一代更好的生活。

那时的年轻人很容易预期到自己将来能过上比父母一代更好的生活，换句话说，他们很容易预期到将来能够给孩子提供一个比自己小时候更好的经济条件。比起说他们很容易形成这种预期，更应该说他们是把这种预期当作理所当然的事情。

经济高度成长期之前，绝大部分家庭都是农家等自营家庭，第二次世界大战前，很多农家都是仅仅能够维持生活的佃农。父母一代是在并不那么富裕的环境中长大的，所以他们确信将来肯定能过上比父母要富裕的生活。

这种确信的一个最重要的前提是，负责养家的男性的收入比较稳定。因为现代产业的发展，对劳动力的需求比较高，所以年轻男性若是被雇用，会比较容易成为有正式编制的员工（含公务员）。如果是正式编制的员工，那么就获得了终身雇用的保障。

另外，农家等传统的自营业也因政府的规章制度而得到了保障，所以自营业从业者也能期待将来会获得稳定的收入。

而且，由于劳动力需求旺盛，即便以某种形式失业了，若是男性的话想再找一份有正式编制的工作还是比较容易的。

因此，那时的女性可以切实地期待自己结婚后能过上富裕的生活，最重要的是，能够给孩子提供比自己小时候更好的成长环境。

那个时候已然形成了“所有人都能过上富裕的中流生活”的

希望。认为自己属于“中流”的人的比例在持续增长。因为他们觉得即便现在并不怎么富裕，但在将来结婚后养育孩子的期间内是能够过上富裕生活的。

甚至，他们可以期待自己的孩子将会受到比自己更好的教育，结婚后能过上比自己更富裕的生活。

换言之，不仅不会“让孩子受苦”，还“能够为孩子提供比自己小时候更优越的环境”，他们是怀着这样的一种想法而生儿育女的。

泡沫经济时代开始出现未婚率上升和出生率下降

高度成长期于1973年因所谓“石油危机”而终结。在渡过第二次石油危机的1980年代后半期的泡沫经济时代，未婚率上升，出生率的降低也慢慢开始出现。

究其原因，与其说是出于“从中流跌落的不安”，倒不如说是由于中流生活在日本已经普及，“结婚后过上比结婚前更好的生活的预期慢慢变得不再成立”。

这个时期出现了在结婚前已经过着富裕生活的年轻人增多的现象。

与欧美不同，在日本，没有什么特殊原因的话，毕业后留在父母身边的未婚者占大多数。在经济高度成长期，兄弟姐妹比较多，父母们也并不富裕。但是，从1980年代左右开始，在作为第二次世界大战后的工薪阶层而创造了中流生活的父母身边成长的年轻人，即那些认为中流生活是理所当然的年轻人开始长大成人。

如果与父母同住的话，他们就能够继续享有富裕的生活水平。而我将这类人命名为“单身寄生族”。

而且，尽管当时绝大部分男性都是有正式编制的雇员，但由于经济低迷，已经无法期待将来的收入会大幅度增长。甚至，经济支援制度开始放缓，政府对小规模自营行业的保护也逐渐消失。

因此，为了避免结婚后生活水准下降而延迟结婚的倾向变得十分强烈，开始出现了缓慢的不婚化。

可以判断，在这个时期，比起避免“从中流跌落的不安”，为了过上中流以上的更加富裕的生活而选择延迟结婚/生子的意识更为强烈。

格差社会的发展和“从中流跌落的不安”

但是，进入平成（1989年）之后不久，经济泡沫就破灭了。自那之后，年轻人对从中流跌落下来的担忧渐渐变得强烈。其背景是被称为“失去的25年”的泡沫破灭后的经济停滞，以及“格差社会”（即阶层固化、贫富差距日益扩大的社会）的发展（关于这一点，详细内容可参见拙著《希望格差社会》)。

1985年之后，尽管经济成长多少有所好转，但随着泡沫经济的崩塌（1992年左右），日本经济进入了停滞期。而且，1997年发生了亚洲金融危机，2008年又发生了雷曼事件。尽管出现过些许的景气变化，但经济成长率几乎是以接近零的水平在推移。在此过程中，人口老龄化在加剧，而劳动年龄人口在持续减少。

如果概括一下这个时期在家庭方面发生的问题，那就是看不到“过上中流生活的希望”的年轻人增加了。但由于与父母同住的社会习惯，现实中享受着中流生活的年轻人还是占着多数。正如在前面的图表25中所看到的那样，与其他年龄层相比，认为自己属于“中流”以上的年轻人占了绝对多数。

自1990年代起，日本迎来了较大的经济结构转型期。随着全球化、服务产业化、IT化等新的进展，“从事全球性工作的有较高生产力的劳动者”在增加，同时，“不能提高生产力的单纯劳动者和服务业劳动者”的需求也在增加，劳动环境在两极化。随之而来的是，各种经济支援制度在放缓、非正式编制雇员在增加、对小规模的自营行业的保护在减弱。

但由于终身雇用和年功序列制度的劳动惯例并没有发生变化，导致所增加的非正式编制劳动需求被强加给了年轻人。而且，低收入的正式编制的雇员也变多了。

这就产生了两种差距。

第一种差距是，年轻人的父母那一代和年轻人之间的差距。年轻人的父母一代（1960年以前出生）的大部分人创造了住宅等资产，男性有终身雇用制度的保护，而且托年功序列制的福，工资也比较高，养老金在现在也是足够的。

另一方面，年轻人这一代（1970年以后出生），应届毕业生的正式编制录用受到抑制，年功序列制的薪金增长幅度也趋缓。

也就是说，平均来看的话，1990年代之后，年轻人的父母的经济状况比较良好，而年轻人将来可能要直面的经济状况在恶化。

第二种差距是，新产生的年轻人之间的差距。其中最具代表性的是正式编制和非正式编制之间的差距。

若是正式编制的雇员（含正式编制的公务员），不仅工作有保障，而且社会保障也得到了优待（如果是单职工家庭，可以免除社会保险费，如果是双职工则会获得育儿休假）。

另一方面，非正式编制雇员的收入相对较低，工作没有保障，社会保障方面的优待措施也比较少。另外，即便是自营行业，小规模自营行业的维持变得日益艰难。也就是说，该行业在父母那一代是受到保护的，而到了继承家业的这一代，这些保护都将消失。

这两种落差，造成了现在的年轻人对从中流跌落下来的担忧，并带来了少子化问题。

不愿结婚/生子的群体

开门见山地说，延迟结婚/生子的年轻人，也就是说有“从中流跌落的不安”的年轻人，是如下群体。

他们是“父母保持着比较富裕的生活水准”而“自己将来的

生活达到父母辈水准的希望渺茫”的年轻人。

之所以这么说，是因为他们正身处“将来可能会让孩子受苦”的状况中。

图表 31　从年轻人与父母的关系中看到的四类状况

	父母的生活水准	年轻人将来过上中流以上生活的希望
类型1	中流以上	有
类型2	中流以上	无
类型3	艰苦	有
类型4	艰苦	无

对年轻人与父母的关系进行一个分类的话，可以形成上图所示的四种类型。

类型1：父母的生活富裕，自己将来即使结婚、生了孩子，也有希望能保持超过父母生活水准的年轻人。他们觉得“让孩子受苦的风险比较小”，所以有可能会结婚并养育两到三个孩子。

他们通常是所在企业比较稳定且有正式编制的雇员或者公务员、专业技术人员等收入稳定的男性，以及与这类男性结婚的女性（如果女性也有正式编制的话，担忧就更少了）。当然，也有男女相反的情况，但比较少。

不过，这种类型的年轻人在1990年代之后在慢慢减少。因为年轻人成为正式雇员的比率的降低，以及1997年的亚洲金融危机和2008年的雷曼事件的发生导致大型企业也可能倒闭破产，给年轻人带来了更加强烈的不安。因此，女性开始寻找有更加稳定职业的男性作为自己的配偶。

而且，这种倾向在近些年来只有变强的趋势而丝毫不见减弱，正如我在第四章结尾部分所论述的那样。

类型2：父母的生活水准较高，而自己将来无望能达到父母生活水准的年轻人。他们不愿意结婚/生子。这类年轻人包括与父母居住在一起的没有正式编制或收入不稳定的未婚者，以及即便一个人生活也过得紧巴巴的人。

若是已婚者，他们一般是即便有配偶，也会因将来收入的不稳定而难以让孩子在充足的（即，比自己小时候好的）经济环境中成长的人。为了规避“让孩子受苦”的风险，他们会少生孩子。

男性的话，他们很清楚以自己的收入，一旦结了婚、生了孩子，生活水准会低于父母的生活水准，所以不愿意结婚/生子。女性的话，会由于找不到收入稳定的男性而结不了婚。

年轻人中这些人的占比在增大，从宏观上讲，这是少子化形成的原因。

类型3：父母的生活并不怎么富裕，但自己有希望将来过上中流生活的人。这一类人在高度成长期比较普遍。因此，在高度成长期，他们结婚早，且生育愿望比较强烈。这一类型的年轻人在日本社会中流化的1980年左右时，几乎消失不见了。

类型4：父母和自己的生活都不怎么富裕的年轻人。他们原本对结婚生活或生育子女就没有很高的水准要求。由于与父母同住也没有什么好处，所以他们同居或结婚的难度比较低。因此，即便将来没有希望过上中流生活，他们也会生育孩子。因为自己小时候的生活水准就比较低，所以他们没有“不能让孩子受苦”的意识。

正如在本章第一节的题外话中所谈到的那样，这是在冲绳的年轻人中很常见的状况。

不过，从日本社会整体来看的话，现在（2020年）年轻人的父母一般为50多岁或60多岁，即1950—1970年出生的那一代人，他们的生活状况并不那么不堪。他们是公司雇员的终身雇用和年功序列制度基本得到保护的最后一代人。因此，类型4的年轻人现在并不那么多。

但是，今后格差社会将不断发展，并不怎么富裕的50多岁或60多岁的父母继续增加的话，这一群体的年轻人就有增多的可能性。不过，收入不稳定的男性未婚者居多，由于他们没有孩子，所以可以预测这一群体的人并不会增加很多。

第三节

何为有效的少子化对策

是否应该实施少子化对策

觉得“父母能保持比较富裕的生活水准”，而“自己将来的生活却达不到父母的水准”的年轻人，即前面一节里所说的类型2的年轻人的增加带来了少子化问题。

若想制定出提高出生率的对策，那么做好这一群体的工作就是日本少子化对策的核心问题。

但是，有可能会出现两种从其他角度发出的不同声音。

一种是“不应该采取”提高出生率的政策的反对意见；另一种是“没必要采取”少子化对策的反对意见。

首先，我们来看看“不应该采取”少子化对策这一反对意见的理由。

其一是基于“反国家主义”意识形态的想法，认为结婚/生子是个人的事情，国家不应该介入。

其二是认为国家不应该为个人买单，如果要花钱鼓励生子，不如积极输入移民。

有趣的是，这两种看上去处于政治对立立场的人最后却得出了相同的结论。

不过，现实中“想结婚、想生育孩子”的年轻人占绝对多数。如果帮助他们实现梦想同时也是在创造一个可持续发展的社会的话，那么我想政府和社会应该要给予支持。

例如，作为全国地方结婚支援中心的理事，我也在做一些支援活动以帮助年轻人找对象。其中，每当我听到“如果没有出现‘婚活’这个词语的话，也许我就结不了婚了”“多亏了官方的结婚支援服务事业，我才能够结婚”之类的真实声音时，我内心的官方必须对结婚/生子给予支援的想法就更加强烈了。

当然，此外，也有一些持自由论（新自由主义）想法的人，他们认为想结婚却结不了、想生孩子却不能生，这完全是“自己的责任”，“没有必要给予”支援，但我不赞同这样的想法。我认为，对那些想实现人类最基本的欲求却非常难以做到的人给予社会支持，就如同帮助那些没有工作的人找工作一样，是同样必要的。

不希望出现的剧本

还有一个不希望出现的剧本，那就是认为“如果放任不管的话，出生率会回转的”。这是指前面图表30里的类型4的年轻人，即觉得因为父母生活不富裕，自己过着不富裕的结婚/育儿生活也无所谓的这一群体在增加的剧本。

换言之，随着格差社会的发展，当差距不仅仅存在于年轻人中，也发展到中老年人中时，正如早稻田大学的桥本健二教授所说的“新阶级社会”那样，即由富裕的父母生出来的年轻人因为有能过上富裕生活的希望而结婚生子，而由不富裕的父母生出来的年轻人虽然创造不了富裕的生活，但由于对结婚和育儿生活的期待值比较低，所以他们也会结婚或同居并且生育孩子。社会将被分割，中流的人与中流的人结婚，低层的人与低层的人结婚。整个日本社会的年轻人将被分成图表30所示的类型1和类型4这两种人。也就是说，有可能会出现没有少子化问题的美国那样的状况。

换言之，这种逻辑就是虽然现在父母辈是中流阶层，且孩子那一代正处于阶级分化的过程中，所以才出现了少子化，但阶级分化完成之后，少子化会自然消解的。

我的意见是，为了不让将来的日本变成这种阶级分化的社会，才更应该要推进少子化对策。

少子化对策的两个方案

日本的少子化对策，也就是说，如果要做那些觉得“父母能保持比较富裕的生活水准”，而“自己将来的生活却达不到父母的水准”的年轻人的工作的话，有以下两个方案。

1. 要让年轻人有即使结了婚，生了两三个孩子，也能维持父母辈那样的生活水准（含育儿水准）的希望。

2. 让年轻人放弃要达到父母辈生活水准的念头而优先考虑结婚/育儿的事情。

前者需要大力改变经济状况和阶层状况。后者则需要改变年轻人的意识，不，更准确地说，是要改变很多日本人所持有的“风险规避意识”和“体面意识”。

虽然我认为这两种政策都是必要的，但真要实施起来，这两者都不是能简单做到的事。

能否保障所有年轻人在10年、20年、30年后都过上社会一般水平的生活

如果说年轻人对将来生活的期待差距是少子化的首要原因的话，那么就有必要扭转这个局面。换言之，**就是要将我们的社会改造成一个无论哪个年轻人都有希望将来能够不让自己的孩子受苦的社会**。

安倍内阁提倡“全世代型社会保障”。如果我们将这一政策的

目的理解为保障所有年龄层的人都能过上普通水平的生活的话，那么它作为少子化对策的有效性就在于**必须让现在的年轻人都有希望在10年后开始结婚育儿的时候，在20年后孩子将要上大学的时候，以及在30年后的晚年生活中能过上大多数人那样的生活**。

年轻人看着上面一代的人。他们看着10年前成为非正式编制雇员的年轻人，看着在经济不稳定的情况下养育孩子的中年人，看着日益贫困的老年人。为了避免自己将来成为那样的人，他们会对结婚/生子变得越发慎重。

我们需要建立一个工作可以重新再来、对双职工家庭同样友好，以及万一出了问题也可以通过社会保障重新自立的社会——这个社会必须是人们拥有“可以不让孩子受苦”的生活水准的社会。

风险规避/重视体面的意识会改变吗？——从年轻人身上看到的新倾向

改变人们的社会意识要比改变社会制度更难。即便呼吁人们“要敢于冒风险”“不要考虑体面问题”，那也是无济于事的。

不过，我想朝着那个方向发展的苗头已经开始出现了。

我曾经对借助某个地方自治体的结婚服务而结了婚的情侣进行过采访调查（参见我在2018年于中央大学做的研究课题：“关于不婚化社会中的‘结婚支援活动’的实证研究”）。

当时，由于同为“御宅族”的人之间结婚的情况比较多，让我吃了一惊。而且，他们也并非趣味相同，而是类似于比如说男方是“偶像迷”，而女方是“迪士尼迷”的这种组合。

他们往往初次见面就会就双方的兴趣爱好热烈地谈上好几个小时。他们告诉我说，由于是在小地方，所以男性一般很多也是合同制员工或者是从事护理职业的人，但是如果两个人的收入合在一起的话，因为生活费用也不高，还是能正常生活的。

各自拥有“有了这个就很幸福”的事物，且双方能互相理解对方的话，就可以不用在乎别人的眼光而过上快乐的婚姻生活。虽然也许以后会发生孩子会随哪一方兴趣爱好的愉快竞争……（我正在计划合著一部内容类似于“御宅族拯救日本社会”的作品。在以原型是中央大学的大学校园为舞台的漫画作品《现视研》中，也有着身为游戏御宅族的男性与喜欢“耽美”的女性成为情侣的这样一种设定）。

还有这样的案例，我认识的一对喜欢潜水的情侣，他们结婚后做出了不惜辞去正式编制的工作，也要移居离岛的决定。另外，在人口过疏地区做支援活动时，我曾经与一位单亲妈妈交谈过，她是觉得在那里养育孩子会更容易一些才搬到离岛居住的。也许当人口过疏到非常彻底的地步时，当地的人们也就不能再谈论什么体面了，所以单亲家庭也很受欢迎。

像这样，愿意不在乎体面地建立家庭、追求自己的幸福的年轻人开始出现了。我想，为了让这样的年轻人生活得更容易一些，国家或地方自治体有必要对他们的生活给予政策支援。

如果这样的年轻人继续增加，并且达到一定比例的话，体面的内涵就会发生变化，少子化也可能会得到逆转。

衷心希望这两种对策在今后能被采用。

跋

——"新冠后"的家庭

在新冠肆虐、政府发出紧急事态宣言的时候，我正在写这本书的后记。

在2020年4月中旬的这样一个节点，这一事态将严重到什么程度、会给社会带来什么样的影响，都还不确定，但作为家庭社会学家，我收到了几个委托，要求就此写些评论（《朝日新闻》2020年4月14日晚报等）。

在东日本大地震时，曾经有报道称就在大地震结束后不久，婚戒销售一空，到结婚信息服务业去登记的人增加了。据说这是因为人们深深地知道了单身的风险，所以想尽快确保结婚对象。

与此相反，大众媒体中也出现了这样的声音，说万一在紧急情况下对方一点也不关心自己，那么离婚的案例不是也会增多吗？

现实又是如何呢？

2010年的结婚数据为700 214对，而2011年为661 895对，大地震后数据反而下降了。离婚数，在2010年时为251 378对，而2011年时为235 719对，也出现了减少的现象（结婚数在2012年时达到了668 869对，稍微增长了些，但被认为是2011年大幅下降的一个反弹）。

即便想结婚也不是立马就能结的（虽然婚戒可以随时买到，也可以随时到结婚信息服务业去登记），同时，即便觉得对方是不能托付终身的人，也不可能立即就离婚吧。在日本，觉得只要有合适的对象就想结婚的单身者原本就占多数，而觉得只要经济上能过得下去就想离婚的相互之间已经感情破裂的夫妇的数量也很多，所以即便地震灾难促进了结婚人数增加的倾向，也可以下结论说在数字上并没有那么大的影响。

那么，这次的新冠疫情又是什么样的情况呢？

据说，这次疫情短期来看是有各种各样的影响的。也有业者反馈说因一个人感到不安而到结婚信息服务业登记的人增多了。另一方面，我在3月上旬向某个公共结婚支援服务团体征询意见时，听说所有的相亲派对都中止了，一对一的相亲虽然找到对象后可以邮件联络，但真正的见面是禁止的。也有报道说结婚宴会纷纷被取消。若遵守新冠对策的要求，避免密切接触，那么通过见面发展为恋爱关系的年轻人就会减少，我认为只要这种现状不改变，今年到明年的结婚人数将会变少。

另外，在欧美，有报道说因为禁止外出、夫妇都待在家里，压力的积累导致家暴现象增多了。在日本，也出现了“新冠离婚”这样的新词（参照上述《朝日新闻》）。

虽然不清楚在日本会产生多大程度的影响，但有可能会出现这样的情况，即由于夫妇长时间待在一起，夫妻间价值观的不一致反而会变得更加明显。在日本，行动模式完全不同的夫妻原本就很多，正如本书最后一章的末尾部分所写的那样，夫妻拥有共同的兴趣，相互尊重对方兴趣的夫妇的确是在增加，然而有密切交流的夫妇仍比较少。

此外，有的夫妇虽然结婚了，但男性会去夜总会发牢骚，而女性则向朋友或母亲发牢骚，即便如此，两人却依然维持着夫妻关系。如果失去与家人之外的关系密切的人的接触，那么夫妇两人的牢骚将无处宣泄，压力也会越积越大。

另外，据说有很多人咨询说，自己现在怀着孕，如果感染新冠病毒的话要不要紧。由此可以判断“在新冠疫情结束之前”不考虑怀孕的夫妇有可能会增加。不过，这一影响要等到10个月之后才能知晓。

相反，也有人认为，因为疫情期间总待在家里，夫妇之间的性行为会增加，所以怀孕的人也会增加。接下来，我想关注一下2021年1月和2月的婴儿出生数究竟是增加还是减少。

我更担心新冠疫情给结婚/生子带来的长期影响。

正如前文中写到的那样，从“规避风险”的观点来看的话，这次的新冠疫情使得人们对将来的各种担忧更加突出了。公务员或在大企业工作的人，即使居家办公大概也很少有人会因此而收入降低吧。另一方面，在非正式编制的雇员，以及自由打工者和自营业者中，对自己将来的收入感到没有把握的人在增加。

我想，即使这种混乱在短时间内就结束（我迫切希望这样），但觉得与公务员和大企业员工结婚会比较安心的未婚女性也依然会增加吧。这样一来，想要开始婚姻生活的人会变得越来越少。

至少，我希望我们的社会能从这种混乱中学到点什么，能成为一个可以保障无论有着什么样的家庭形态、无论从事什么样的工作的人们将来都能过上普通水平的生活的社会。

本书的写作得到了很多人的帮助。负责本书编辑的草薙老师在这个非常时期帮忙做了大量的工作，我在此衷心表示感谢。

此外，感谢厚生劳动省（旧厚生省）、内阁府（旧经济策划厅）、文部科学省（旧文部省）、东京都的各位职员给予本人在审议会或研究会上发言的机会，不仅让我成为实态调查组的成员，还为我提供了各种各样的资料。本书中虽然提出了一些批判，但我对他们为了将日本社会创造为一个宜居社会而付出的努力感到钦佩！

山田昌弘

2020年4月17日

参考文献

赤川学：《孩子数量减少，有什么问题吗！》，筑摩新书，2004。

赤川学：《这就是答案！少子化问题》，筑摩新书，2017。

福泽谕吉：《福翁自传（新版）》，岩波文库，1978。

国立社会保障及人口问题研究所：《第15次出生动向基本调查》，2015。

厚生劳动省：《人口动态统计（平成30年）》，2018。

吉川彻：《日本的分裂：被切割的非大学毕业青年》，光文社新书，2018。

经济企划厅：《国民生活白皮书（平成4年）：少子社会的到来，其影响和对策》，1992。

井上章一：《讨厌京都》，朝日新书，2015。

凯瑟琳·纽曼：《在父母身边生活的战略：手风琴家庭的时代》，岩波书店，2013。

明治安田生活福祉研究所:《第6次关于结婚/生育的调查》，2010。

明治安田生活福祉研究所:《生活福祉研究：74号》，2010。

木尾士目:《现视研》，讲谈社，2002—2006。

内阁府:《关于男女共同参与社会的民意调查》，2016，2019。

内阁府经济社会综合研究所:《日本/瑞典家庭生活调查：研究会报告书No.11》，2004。

内阁府政策统括官:《关于结婚/家庭形成的意识调查（平成22年）：报告书》，2011.3。

内阁府政策统括官:《关于少子化社会的国际意识调查：报告书》，2013.3。

内阁府政策统括官:《关于结婚/家庭形成的意识调查（平成26年）：报告书》，2015.3。

山田昌弘:《结婚社会学：未婚化/晚婚化将会持续下去吗》，丸善文库，1996。

山田昌弘:《单身寄生族时代》，筑摩新书，1999。

山田昌弘:《希望格差社会:“败者组”的绝望感将撕裂日本》，筑摩书房，2004。

山田昌弘:《少子社会日本：另一类差别的去向》，岩波新书，2007。

山田昌弘、白河桃子:《“婚活”时代》，Discover携书，2008。

山田昌弘：《为避免下坠而竞争：日本格差社会的未来》，朝日新书，2017。

山田昌弘：《不需要结婚的社会》，朝日新书，2019。

山田昌弘：《恋爱/结婚的衰退与虚拟关系的兴隆》，引自《生活福祉研究：97号》，明治安田生活福祉研究所，2019。

石井诚、宫本美智子、阿部诚（合编）：《生活在地方的年轻人》，旬报社，2017。

乌尔里希·贝克：《风险社会》，译林出版社，2018。

小山静子、小玉亮（合编）：《孩子和教育：名为近代家庭的竞技场》，日本经济评论社，2018。

永田夏来：《终身未婚时代》，东方新书，2017。

斋藤直子：《结婚歧视的社会学》，劲草书房，2017。

中根千枝：《纵向社会与现代日本》，讲谈社现代新书，2019。

中野圆佳：《“育儿休假一代”的窘境：活用女性计划为什么失败了？》，光文社新书，2014。

NHK放送文化研究所：《NHK中学生/高中生的生活和意识调查2012》，NHK出版，2013。

Recruit Bridal总研：《婚活实态调查2019》，2019。